Besser konzentrieren
Ein Trainingsprogramm

Besondere Themen

Depressionen	*ht 431*
Schluß mit dem Streß!	*ht 452*
Erfolgsgeheimnis Selbsthypnose	*ht 571*
Schluß mit dem Rauchen!	*ht 572*
Welche Farben stehen mir?	*ht 577*
Körpersprache verstehen	*ht 590*
Flirten – aber wie?	*ht 606*
Selbstsicher – Selbstbewußt	*ht 609*
Erfolg ist trainierbar!	*ht 614*
Positiv denken und leben	*ht 622*
Selbstverteidigung für Frauen	*ht 634*
Trennung bewältigen	*ht 644*
Geliebt werden – aber wie?	*ht 654*
Endlich 50!	*ht 657*
Bleib cool!	*ht 660*
Linkshändig? Ein Ratgeber	*ht 669*
Alles über Schönheitsoperationen	*ht 686*
Ich zieh aus!	*ht 688*
Einsame Spitze! Erfolgstechniken trainieren	*ht 692*
Mut zum Konflikt	*ht 702*
Optimist werden!	*ht 704*
Alternative Therapien	*ht 713*
Kennwort Liebe	*ht 714*
Mut zur Lust	*ht 718*
Bleib cool! (Buch/Cassette)	*ht 807*

Konzentration & Gedächtnis

So lernt man leichter!	*ht 191*
Gedächtnis-Training	*ht 313*
Superlearning	*ht 491*
Trimm dich geistig fit	*ht 520*
Gutes Gedächtnis	*ht 639*
Besser konzentrieren	*ht 672*
Besser lesen, verstehen, behalten!	*ht 673*
Super lernen	*ht 715*
Verflixt, das darf ich nicht vergessen!	*ht 935*

Psychologie

Traumbuch	*ht 226*
Taschenbuch der Psychologie	*ht 238*
Handschriften deuten	*ht 274*
Wer bin ich?	*ht 703*
Wenn die Seele trauert	*ht 749*
Psychologie-Lexikon	*ht 927*

Besser konzentrieren

Ein Trainingsprogramm

Von Reinhard Schober

humboldt

Lebenshilfe & Psychologie

humboldt-taschenbuch 672

Der Autor:
Reinhard Schober, Dipl.-Psychologe, berät im Rahmen seines Instituts Unternehmen, Werbeagenturen und Verlage. Schwerpunkte seiner Tätigkeit sind die psychologische Kommunikationsforschung, die Entwicklung von Kommunikationsstrategien sowie die Personalschulung.

Umschlaggestaltung: Wolf Brannasky, München
Umschlagfoto: Fotostudio Bornemann, München

2. aktualisierte Auflage 1994

Druck: Presse-Druck Augsburg
Printed in Germany
ISBN 3-581-66672-3

2*94

Inhalt

Vorwort

Wer kennt die Verzweiflung nicht, wenn man über einer mäßig interessanten, aber so wichtigen Aufgabe sitzt und der Organismus keine Neigung zeigt, sich darauf zu konzentrieren? Hinzu kommt das Vertrackte unserer Zeit, daß nicht nur die Anforderungen an Leistung und Wettbewerb steigen, sondern daß gleichzeitig auch das Potential an Ablenkung und Störungen steigt. Wir wollen uns darauf einstellen.

Das Ideal, das diesem Buch zugrunde liegt, ist ein Mensch mit einer Verfassung, die es ihm erlaubt, ohne Anstrengung selbst trockene und scheinbar langweilige Strecken einer Tätigkeit ohne Schwierigkeiten über die Bühne zu bringen. Tun und Wirken aktivieren sein Lebensgefühl. Dieser Mensch kennt auch nicht den quälenden Kampf gegen verführerische Alternativen. Er genießt sie, allerdings zu dem Zeitpunkt, den er bestimmt. Wir verwandten nicht wenig Zeit für Untersuchungen, Literatur, Recherchen, um die Einflußgrößen für eine optimale Konzentration herauszufinden. Dabei kristallisierte sich für uns heraus, daß Konzentrationsfähigkeit mehr als eine isolierte Fertigkeit wie Surfen, Programmieren oder Autofahren ist. Die Person als Ganzes teilt sich mit. Verbesserung der Konzentration bedeutet, sie zu stärken und aufzubauen, um sich dann aus der Fülle der günstigen Bedingungen und Handlungsweisen das anzueignen, was die individuelle Situation erfordert. Den Befragten unserer Basisstudie zu diesem Buch sei dafür gedankt, daß sie uns den Schatz ihrer Erfahrungen zur Verfügung stellten, ebenso den Interviewern, die es verstanden, ihn zu heben. Zu danken ist auch allen, die uns außerhalb der Studie zum Thema Konzentration informierten, insbesondere den Lehrern.

Bei der Ethnologin und Mitarbeiterin Hilde Wildfeuer möchte ich mich für die engagierte Verarbeitung des Manuskripts mit den Zeichnungen bedanken und für Unterstützung in Fragen von Stil und Inhalt.

Dem Psychologen Arwed Bonnemann und seinen Mitarbeitern sind wertvolle Anregungen zur Psychologie der Konzentration zu danken.

Endlich ist denen zu danken, die durch die Überlassung von Bildmaterial zur Bereicherung des Buches beitrugen.

Reinhard Schober

Einführung

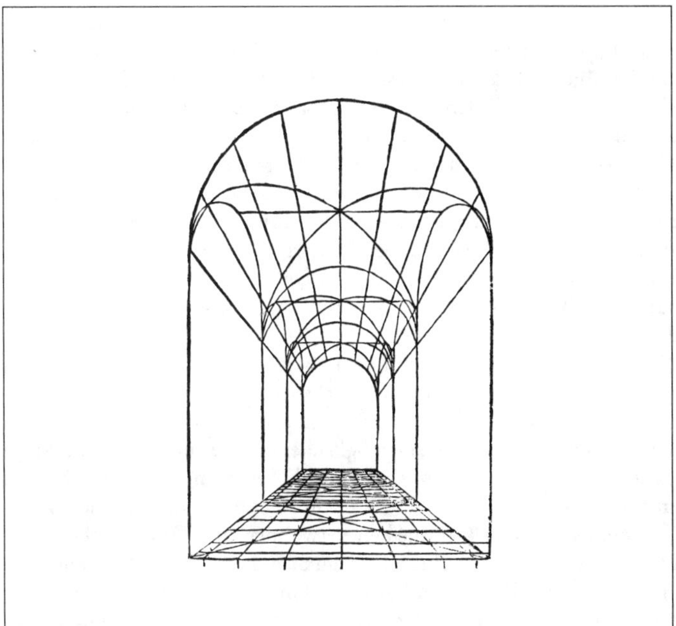

Ziel und Basis

Nichts ist unmöglich mit Konzentration – dieser Titel möchte Sie als Leitidee bei Ihrem Vorhaben begleiten. Sie haben vor – genauer Ihr Ich –, Ihren Organismus ein wenig zu verändern. Er ist es nämlich, der sich konzentrieren kann, wenn er will und trainiert ist. Aber wie Organismen so sind, sie liegen gerne im Gras und blinzeln in die Gegend. Außer, man macht ihnen einen interessanten Vorschlag. Gelingt es, Ihren Organismus mit den folgenden Anregungen, Informationen und Übungen zu gewinnen, ist tatsächlich nichts unmöglich.

Unter den Möglichkeiten, eine berufliche Leistungsfähigkeit zu optimieren, dominiert die „Ausstattungsphilosophie". Sie besagt: Je mehr man sich mit Informationen, Wissen, Fertigkeiten, Erfahrungen ausstattet, desto größer sind die Chancen. Diese nur teilweise zutreffende Gleichung hat dazu geführt, daß auf allen Gebieten ein kaum zu bewältigender Berg von scheinbaren Ausstattungsnotwendigkeiten entstanden ist und weiter wächst. Das Problem ist, daß in einer konkreten Situation zwar wenig davon gebraucht wird, man aber nie sicher ist, was. Schon kommt man um den Berg trotz vieler Entbehrlichkeiten nicht herum. Von der Fähigkeit, sich jederzeit in eine hohe Leistungsbereitschaft versetzen zu können und mit gebündelter, lang anhaltender Energie die Dinge über die Bühne zu bringen, hängt viel ab. Vor allem der Berg selbst will angeeignet sein. Konzentration heißt das Zauberwort.

Ziehen wir einen Vergleich mit dem 19. Jahrhundert. Was wir heute zu tun haben, ist komplizierter, umfangreicher und stressiger geworden. Konkurrenz und Leistungsdichte sind größer geworden, man lebt enger aufeinander. Es gibt wenige Rückzugsmöglichkeiten, die uns aufbauen. Möglichkeiten der Technik machen alles und alle für jeden erreichbar. Lärm an allen Ecken, zwischen 1500 und 2500 Informationen und Appelle täglich, die elektronischen und Printmedien verwöhnen uns nach unseren Wünschen mit einem reich gedeckten Tisch an Spaß und Unterhaltung, die Freizeitgesellschaft bricht an ... Hilfe, wie soll man sich da noch konzentrieren können! Die Sensiblen trifft es zuerst. Das Zeitproblem ist erkannt, und es wird auch ordentlich darunter gelitten, aber man hat sich noch nicht sehr darauf eingerichtet. Ein Maulwurfshügel ist gegenüber dem Ausstattungsberg zu sehen. Man solle eben eins nach dem anderen tun, wird gesagt, sich nicht ablenken lassen, sich auf das Wesentliche konzentrieren, sich das Ziel fest einsuggerieren, zu sich selber finden und positiv denken. Wir wollen versuchen, dem Maulwurfshügel wenigstens einen Zentimeter hinzuzufügen. „Zeitfest" müssen wir uns machen.

Folgende Grundlagen dienten uns:

- ☐ Eine Studie zum Thema Konzentration, die wir für dieses Buch durchführten. Sie ist unsere Basis. Befragt wurden 55 Personen, männlich und weiblich: Studenten, Schüler, leitende Angestellte und Beamte, Rechtsanwälte, Fremdsprachenkorrespondentinnen, Journalisten, Texter, Ingenieure, Ärzte, Sekretärinnen, Ethnologen und jeweils ein Hubschrauberpilot, Sportschütze, Konditor und Überlebensreisender, Kunsthistoriker, „König der Taschendiebe" (Artist) und ein Dompteur von Eisbären.
  Die Befragungszeit betrug etwa 1½ Stunden. Einige Interviews stellen wir als Fallstudie vor.

- ☐ 30 Personen befragten wir im Rahmen einer anderen Studie danach, über was und in welcher Form sie gerne etwas erfahren möchten.

- ☐ 30 kleinere, freie Gespräche führten wir mit Personen, die uns aufgrund ihrer Tätigkeit viele aufschlußreiche Gesichtspunkte lieferten, insbesondere Lehrer.

- ☐ 50 Vergleiche von Personen, die dem Verfasser bekannt waren, wurden durchgeführt: Gute Konzentrierer gegen schlechte Konzentrierer. Hier interessierten uns die allgemeinen Lebensgewohnheiten.

Die Verarbeitung des Materials geschah in Form eines Verschmelzungsprozesses, um eine möglichst große Anwendungsnähe herzustellen.

Konzentrationsfähigkeit, was ist das?

Charakteristisch ist die Fähigkeit, die Aufmerksamkeit willkürlich auf etwas zu lenken und dabei alles andere auszublenden. Wenn dagegen etwas mein Interesse erregt, konzentriert etwas mich. Das ist die problemlosere passive Konzentration. Unser Thema ist die aktive, die allerdings durch Anreize zu steigern ist.

Aufmerksamkeit und Konzentration gebrauchen wir synonym. Je nach Aufgabenstellung ist eine andere Art von Konzentration erforderlich. Viele Kombinationen gibt es. In Sekunden kann ein Wechsel der Konzentrationsart notwendig sein. Im Groben kann man zwischen einer verteilten Aufmerksamkeit, z. B. beim Umgang mit mehreren Menschen, und punktueller Konzentration, z. B. Schießen auf eine Zielscheibe, unterscheiden. Umstellbarkeit und Ausdauer sind weitere Kriterien. Immer muß man sich von etwas Vorausgegangenem lösen und geistig zur Stelle sein können. Daraus kann eine eigene Konzentrationsart entstehen. Es ist notwendig, lange Zeit bei der Sache zu bleiben, nicht müde zu werden und sich nicht ablenken zu lassen. Die Ausdauer ist ein zentrales Element. Und man kann gefordert sein, eine Situation und ihre Struktur als Ganzes zu erfassen oder Teile daraus. Gemeinsam ist die handelnde Gerichtetheit auf ein Ziel.

Ein kritischer Punkt ist die Energie. Denn sie ist begrenzt. Durch steigende Belastungsgewöhnung läßt sich das Potential vergrößern, anderenfalls nimmt es ab. Damit verbunden ist die geistige Wachheit, eine mittlere Erregung. Der Organismus muß erst angeregt werden, bis er auf Touren kommt und aktiv wird. Aufschlüsse über das Wesen der Konzentration erhielten wir u. a dadurch, daß wir uns von den Befragten den Zustand der Unkonzentriertheit und der Konzentriertheit beschreiben ließen.

Die nähere Beschreibung eines solchen inneren Zustands fällt den meisten Menschen nicht leicht. Deshalb verwandten wir als Zwischenstation ein „Vorstellungsvehikel". Wir ließen – nach dem Baumtest nach Karl Koch – die beiden Zustände als Bäume zeichnen. Dann fragten wir die Testpersonen, was sie damit zum Ausdruck bringen wollten. (Ursprünglich dient der Baumtest diagnostischen Zwecken, die Interpretation gibt der Psychologe.)

Unkonzentrierter und konzentrierter Zustand

Frage: Ich darf Sie bitten, zwei Bäume zu zeichnen. Es kommt nicht auf Zeichentalent an, sondern darauf, zwei innere Zustände bildlich zu machen.

Baum 1: Sie verlieren die Konzentration. Das Ergebnis ist negativ. Zeichnen Sie diesen Zustand in Form eines Baumes.

Baum 2: Es gelingt Ihnen, sich hervorragend zu konzentrieren. Das Ergebnis ist positiv. Zeichnen Sie diesen Zustand ebenfalls in Form eines Baumes.

Was wollten Sie damit zum Ausdruck bringen? Sagen Sie bitte etwas darüber.

Unkonzentrierter Zustand		*Konzentrierter Zustand*	
Wenig Kraft	← typisch ist →	*Viel Kraft*	
mickriger, schäbiger, kleiner Baum, verkümmertes Bäumchen an einem Bächlein, Krüppelweide, sehr mager, schwach, ich armer Tropf, eigentlich peinlich, dieser Baum	9	der Baum ist groß, riesengroß, prächtig, gesund, kräftig, kompakt, aufrecht	14
wie im Sessel sitzen, entspannt sein und durch den Wind bewegt werden, keine Lust, es ist alles frei, man verliert die Lust	3	Bodenständigkeit, gesunde Wurzeln, starke Basis, Sicherheit, das Fundament ist fest, die Palme muß tief wurzeln, damit sie jedem Sturm standhält, lange Wurzeln drücken Dauerhaftigkeit aus, unten noch einmal dasselbe System, um ein gutes Gegengewicht zu haben, in sich gefestigt	9
dünner Stamm, der Ast gibt keinen Halt	2	ein breiter, gesunder Stamm, Stämmigkeit	4
dünne Zweige, zu kurze Zweige setzen Grenzen, weil der Baum nicht so kann, wie er möchte	2	lange Zweige, die Zweige sind dick, da er charaktervoller wirkt	2
kurze Wurzeln, steht unsicher	1	Energie und Ausdauer, in der Konzentration fühle ich mich energisch und durchsetzungsfähig	2
unten mehr als oben	1	vom Sturm gebeutelt, aber geschafft, stolz	2
	18		33

Unkonzentrierter Zustand		*Konzentrierter Zustand*	
Auflösung, Rückgang ← typisch ist →		*Lebendigkeit*	
Baum, der seine Blätter verliert, trostlos, läßt alle Zweige hängen, zerzaust, der Wind hat alle Äste schon abgebrochen, da hat einer gesägt, geistig verdorrt, krank, sterbend, kahl, kalt, dürr, saftlos, Mutlosigkeit, mir ist zum Heulen zumute, versagt, Mangel an Phantasie	23	der Baum ist üppig, voll in Blüte, ein vollbeladener Apfelbaum, Saft und Fülle der Natur, prachtvolles Laub, Kreativität und Lebendigkeit	13
zu reduziert, zu wenig Verzweigungen, zu schematisch, keine Entfaltungsmöglichkeiten	6	über den Wolken . . ., super, hurra, man fühlt sich wohl, beschwingt und heiter, entspannend	6
Streß, Angst, Panik	2	zur Belohnung gibt es bunte Äpfel, positives Ergebnis, die Anstrengungen haben sich gelohnt	6
keine Wurzeln zum Überleben, man hat das Gefühl, das Ganze kippt um	1	Frühling, Licht, Palmen, Sonne, Meer, Urwald, Lianen	4
		Phantasie von der Wurzel bis zur Spitze	3
	32		32
Unklarheit ← typisch ist →		*Klarheit / Genauigkeit*	
zu große Verästelung, Verzettelung, unklar, verschwommen, nichts endet so recht, Verzweigung ist Ablenkung, schräger Stamm, Richtung unklar, unsicher, alles steht auf dem Kopf, läuft verkehrt, in sich nicht geschlossen, noch zu viele Fragen offen, Situation unklar	13	eine einzige, durchgehende Linie, ein roter Faden, der alles zusammenhält, klar erkennbarer Endzustand, Zulauf auf einen Punkt (das Ende zusammengehalten), da schwimmt nichts weg, gerader Stamm, teilt sich in verschiedene Äste und Wege auf, Möglichkeit, Gedankengänge fortzuführen und zu Ende zu bringen	14
Tagträumerbaum, ein Sichtreibenlassen in Ornamenten	2	detailliert, sorgfältig, naturgetreu, ich kann mich mit Details beschäftigen, ohne den Überblick für das Ganze zu verlieren	5
		in der Mitte eine Art Dreieck mit schwarzer Fliederblüte	1
	15		20
Total	65		85

Basis: 55 Befragte

Ein Blick auf die linke Seite der Tabelle auf den Seiten 15, 16 zeigt, daß die 55 Befragten ihre unkonzentrierten Bäume in einem jämmerlichen Zustand sehen. Der Verlust der Konzentration wird als sehr deprimierend empfunden. Man fühlt sich mickrig, klein, schäbig, alle Blätter sind schon abgefallen, saftlos, geistig verdorrt, der Wind hat alle Äste schon abgebrochen, alles steht auf dem Kopf, läuft verkehrt. Wir vermuteten erst, daß die Befreiung von der Anstrengung auch ihr Gutes hat, hat sie aber nicht. Das Lebensgefühl im konzentrierten Zustand ist geprägt von Stärke und Leben. Die Wurzeln halten nach den Äußerungen jeden Sturm aus. Blüten, Blätter, Früchte zeugen von Produktivität. Vitaler Schwung (Urwald, Lianen, Sonne, hoch über den Wolken...) ist zu spüren. Gerader Stamm, klare Linie, man streckt sich fast muskulär aus, weiß, wo es langgeht, heißt es. Es ist nicht ein lockerer Optimismus, der zum Ausdruck kommt, sondern etwas, das dem fast körperlichen Reiz einer gespannten Feder gleicht.

Uns ist klargeworden, daß Konzentrationsfähigkeit nicht eine Sache von eben mal nachzulesenden Tips und Tricks ist. Sie reicht weit hinein in eine bestimmte Art, zu leben und die Dinge anzugehen.

Im ersten Teil des Buches möchten wir für so etwas wie einen konzentrierten Lebensstil plädieren. Teilaspekte daraus werden im zweiten Teil vertieft: Konditionstraining, Motivation, Konzentrationstechnik. Im letzten Kapitel zeigen wir aus unserer Untersuchung Fallstudien. Dadurch ist ein indirekter Erfahrungsaustausch mit anderen möglich.

Der russische Psychologe Rubinstein beschrieb den Stellenwert der Aufmerksamkeit:

> „Die Aufmerksamkeit... ist ihrem Wesen nach ein Aspekt des großen Problems der Wechselbeziehung zwischen Persönlichkeit und Welt. Das Vorhandensein der höheren Formen der Aufmerksamkeit beim Menschen bedeutet schließlich, daß er sich als Persönlichkeit aus dem umgebenden Milieu heraushebt, sich ihm gegenüberstellt und die Möglichkeit gewinnt – indem er die gegenwärtige Situation gedanklich in verschiedene Zusammenhänge einbezieht –, sie umzubilden und aus ihr bald das eine, bald das andere Moment auszugliedern. Die Aufmerksamkeit in diesen höheren Formen kennzeichnet die Eigenart des menschlichen Bewußtseins."

Beispiele von Zustandszeichnungen

Unkonzentrierter Zustand	*Konzentrierter Zustand*

Mickriger, schäbiger, kleiner Baum	*Der Baum ist groß, kräftig, gesund*
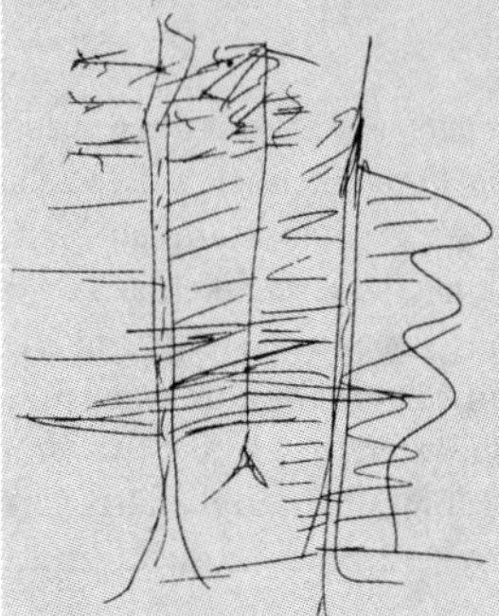	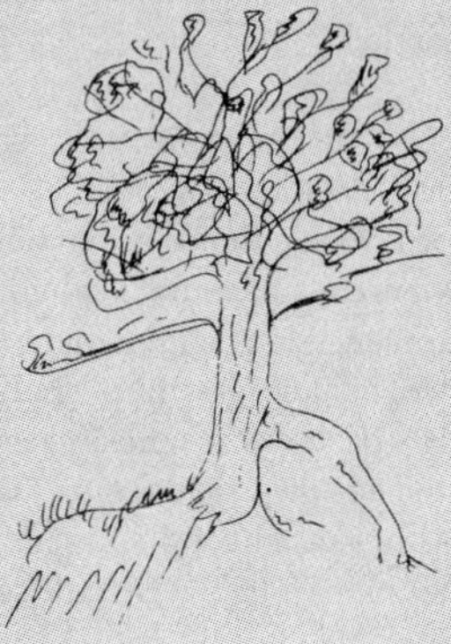
Waldsterben! So ist mir im Moment auch zumute.	*Bodenständigkeit, gesunde Wurzeln*

Beispiele von Zustandszeichnungen

Unkonzentrierter Zustand	*Konzentrierter Zustand*

Baum, der seine Blätter verliert – Mutlosigkeit

Kraft und Fülle der Natur

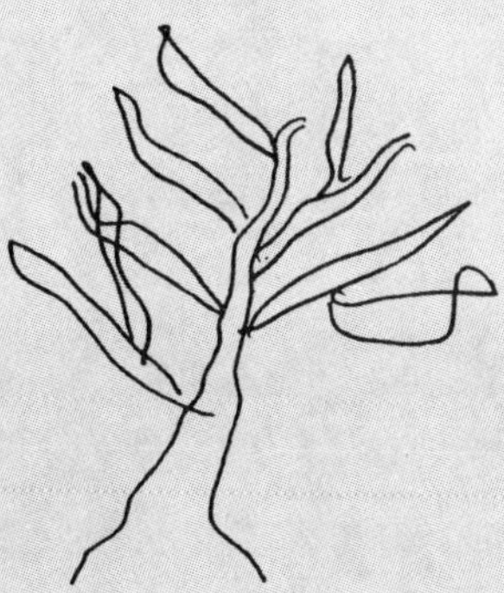

Richtung unklar, unsicher

Gerader Stamm, Zulauf auf einen Punkt

Der konzentrierte Lebensstil

Das Prinzip des konzentrierten Lebensstils

Vergleichen Sie bitte Menschen, die sich nicht so gut auf eine Arbeit konzentrieren können, mit denen, die keine Konzentrationsprobleme haben. Die folgende Übung hat erst im Vorstadium etwas mit dem von uns gemeinten konzentrierten Lebensstil zu tun. Wir wollen als erstes ein Gespür für bestimmte Unterschiede in der Art zu leben bekommen. Denken Sie an Kollegen, Bekannte, Freunde, Verwandte, Leute aus dem öffentlichen Leben oder Persönlichkeiten der Geschichte.

1) Tragen Sie links 10 Personen ein, die sich schlecht konzentrieren können und auf ihrem Gebiet weniger erfolgreich sind. Tragen Sie rechts 10 Personen ein, die sich gut konzentrieren können und auf ihrem Gebiet erfolgreich sind.
2) Versetzen Sie sich nun in das Leben der 10 Personen, wie sie es führen. Was haben die Personen der linken und rechten Spalte gemeinsam? Vergleichen Sie die beiden Gruppen. Welche Unterschiede fallen Ihnen auf?

Schlechte Konzentrierer	Gute Konzentrierer

Sie werden gemerkt haben, daß von den guten Konzentrierern eine zunächst stärkere Ausstrahlung ausgeht als von den schlechten Konzentrierern. Man findet mehr Optimismus und Gelassenheit. Mehr Kraft teilt sich mit. Die Lebensführung ist gehaltener, nicht verzettelt. Alles ist mehr gebündelt, auch einfacher. Selbstdisziplin – gelegentlich auch mit ihrer negativen Seite, nicht richtig entspannen zu können – teilt sich mit.

In der linken Spalte geht es bunter zu. Jedenfalls in unserem eigenen größeren Vergleich. Da sind die Ungeduldigen, die Freizeitkönige, die Nervenflatterfahnen, die Kugelblitze, die Allzeit-Bereiten, die Träumer, die Trägen und die besonders normalen Normalen.

Worauf wir hinauswollen, ist die Tatsache, daß man seinem Leben – bewußt oder unbewußt – zwei unterschiedliche Bewegungsrichtungen geben kann. Die eine erschwert die Konzentration, die andere erleichtert sie. Die Graphik mit aufgehender Spirale beschreibt die erschwerte Konzentration:

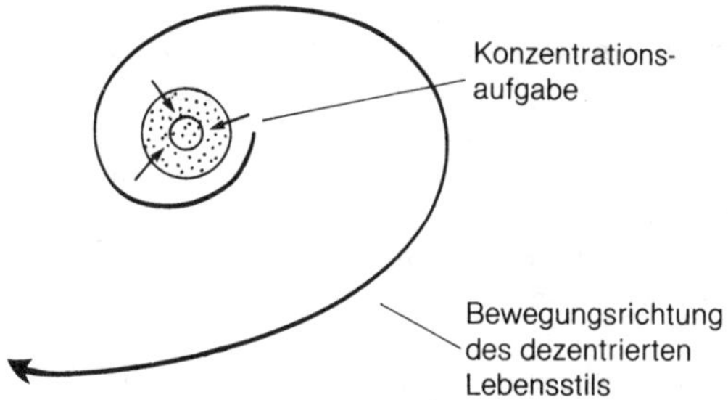

Schwimmen gegen den Strom durch gegenläufige Bewegungsrichtungen von dezentriertem Lebensstil und Konzentrationsaufgabe verursacht erhöhten Energiebedarf

Die Graphik verdeutlicht die eher passive Entfaltung. Man möchte aufgehen in der Welt, in anderen Menschen oder in sich selbst. Man ist seinsorientiert, nicht tunsorientiert. Die Bewegungsrichtung entspricht dem Bild einer sich nach außen öffnenden Feder. Deshalb wollen wir vom dezentrierten Lebensstil sprechen. Eine Aufgabe, die Konzentration erfordert, hat hier Kräfte der Gegenrichtung zu mobilisieren, nämlich von außen nach innen. „Kon" heißt zusammen. Das bedeutet, daß man im umgebenden Rahmen eines dezentrierten Lebensstils zusätzlich zum Energiebedarf für die Aufgabe Energie für das Schwimmen gegen den Strom mobilisieren muß. Das ist eine der Erklärungen, warum für manche Menschen etwas zur Sisyphusarbeit wird, die schließlich die Konzentrationskraft übersteigt, was anderen nicht soviel Mühe macht.

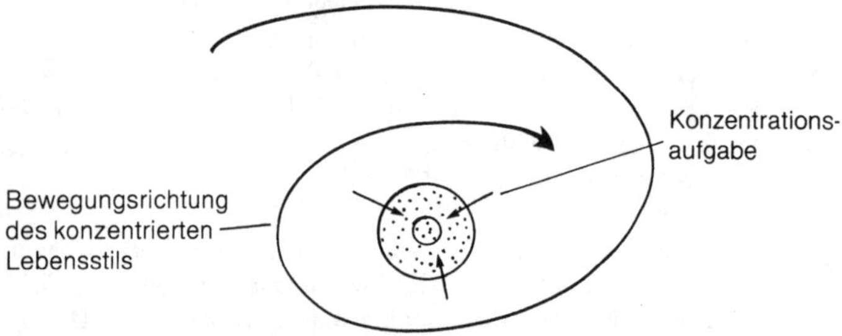

Schwimmen mit dem Strom durch gleiche Richtungen von konzentriertem Lebensstil und Konzentrationsaufgabe verringert den Energiebedarf

Beim konzentrierten Lebensstil dominiert die Zuwendung zu solchen Dingen und Situationen, mit denen sich etwas anfangen läßt. Man sucht eher den sportlichen Reiz. Eine ständige Bereitschaft zum Handeln ist da. Der konzentrierte Lebensstil ist einwärts gerichtet und gleicht einer gespannten Feder. Der Lebensrahmen erleichtert die Konzentration durch die gleiche Richtung. Das Schwimmen mit dem Strom erhöht durch die Energieeinsparung die Ausdauerleistung.

Der konzentrierte Lebensstil besteht aus sechs Elementen:

1. Das Thema der Aufgabe, das Ziel, muß in der Zeit seiner Aktualität emotional im Mittelpunkt stehen,
2. die Lebensführung muß Struktur haben, darf nicht zerfließen,
3. man muß gewöhnt sein, die Dinge mit Biß voranzutreiben,
4. ist eine Steuerung erforderlich, um Kurs zu halten, auftauchende Probleme, die die Konzentration leicht abreißen lassen, sollten mit viel Kreativität angegangen werden,
5. wir haben für Entspannung und Ausgleich zu sorgen, oft ein Stiefkind guter Konzentrierer mit den bekannten Folgen, die Entspannung ist hier ein Schwimmen gegen den Strom,
6. eine Abrundung sind die sogenannten Freudepunkte, wir meinen damit die kleinen Dinge, über die man sich freut und die man braucht, wenn es stürmt.

Lassen Sie sich nicht dadurch stören, daß manchmal von Dingen die Rede sein wird, die Ihnen „schon immer klar“ waren, allerdings... Nie fehlt es an Informationen, was richtig und falsch ist. Den „Allerdingsen“ müssen wir jedoch eine ganz besondere Aufmerksamkeit widmen.

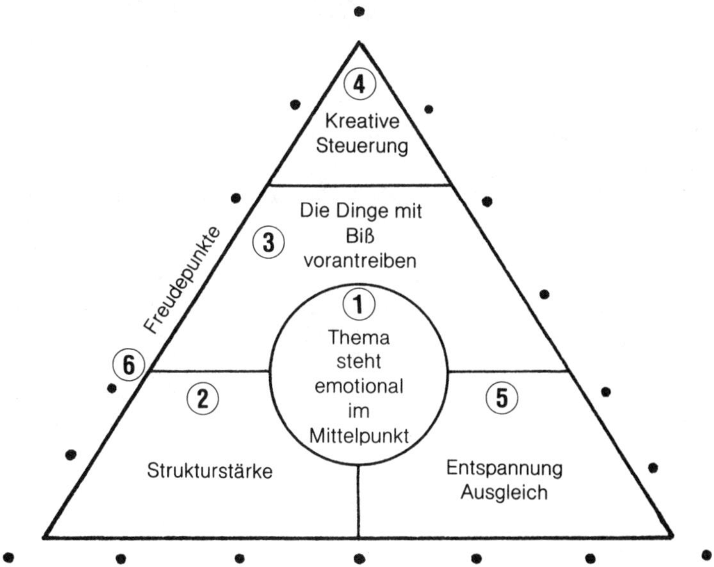

Aufbau des konzentrierten Lebensstils

Element 1
Thema steht emotional im Mittelpunkt

Der Dompteur einer Eisbärengruppe schilderte uns, warum er mit dem Eintritt in den Käfig sofort konzentriert sei. Das sei nur möglich, wenn er tagsüber trotz des notwendigen Abschaltens immer auf den Auftritt eingestellt sei. Er erklärte dem Verfasser den Sachverhalt am Beispiel eines Gasbadeofens. Die Gasflammen dürfen nicht erst angezündet werden, wenn man Wasser braucht. Die Anlaufzeit würde zu lange dauern. Die Flammen sollen klein gedreht sein, aber immer brennen. Nur durch diese Dauereinstellung gelänge es, für die 15 Minuten der Show ohne Mühe präsent zu sein (siehe auch Fallstudien S. 196).

Ein Kriterium des konzentrierten Lebensstils ist es, dem Thema einer aktuellen Aufgabe bzw. dem beruflichen Thema einen hohen emotionalen Stellenwert zu geben. Nicht auf die Zeitmenge kommt es an.

Das Thema ist in seiner Bedeutung zu heben, indem ich es sichtbarer und attraktiver mache oder indem man die Konkurrenz absenkt. Am besten ist beides.

10 Testfragen zur Einstimmung

Können Sie sich vorstellen, daß eine Aufgabe Sie jemals so stark beschäftigt, daß Ihr Partner eifersüchtig wird?

Frage 1

A Nein ○

B Ja ○

Frage 2

Verändert sich Ihr Lebensgefühl, je nachdem, wie gut Sie mit einer Aufgabe zurechtkommen? Oder ist es davon unabhängig?

A Ist davon unabhängig ○
B Verändert sich ○

Frage 3

Stört es Ihre Konzentration, wenn draußen das schönste Badewetter ist?

A Ziemlich ○
B Etwas ○

Frage 4

Kommt es vor, daß Sie bei plötzlich auftretenden Problemen die Arbeit verfluchen?

A Häufiger ○
B Seltener ○

Frage 5

Sie sind auf einer Party und freuen sich, ein paar Stunden abschalten zu können. Da nähert sich jemand, der sich brennend für Ihr Thema interessiert. Wie reagieren Sie?

A Suche das Weite ○
B Positiv ○

Frage 6

Benötigen Sie im Verhältnis zu anderen eher mehr oder weniger Zeit, bis Sie in Hochform sind?

A Eher mehr ○
B Eher weniger ○

Frage 7

Wie fühlen Sie sich in den Tagen danach, wenn Sie ein lang dauerndes Projekt endlich abgeschlossen haben?

A Befreit und glücklich ○
B Wie wenn man einen guten Freund verloren hat ○

Frage 8

Können Sie gut auf etwas verzichten?

A Nein ○

B Ja ○

Frage 9

Gebiet X erfordert Ihre ganze Konzentrationskraft. Aber wie das so ist, in den Zeitungen erscheint vieles Weiterführendes, das interessant ist, Sie aber nicht zu interessieren braucht. Wie verhalten Sie sich?

A Zurückhaltend ○

B Kann davon nicht genug bekommen ○

Frage 10

Fragen Sie sich manchmal mitten in einer anstrengenden Aufgabe, ob es nicht sinnvollere Arten gibt, seine Zeit zu verbringen?

A Ja ○

B Nein ○

Je mehr B-Antworten, desto günstiger.

Diese Testfragen möchten bewußt machen, wie sehr es auf eine gute Beziehung zum Thema ankommt.

Hebung

Zu einer Sache eine gute Beziehung aufzubauen heißt, mehr als ihren Wert zu schätzen. Man muß sie mögen. Das ergibt sich, indem man ständigen Kontakt mit ihr pflegt und die sympathischen Züge herausfindet. Die emotionale Aufladung bewirkt schließlich, daß sich das Thema mit seinen Teilaspekten als Figur gegenüber der Umgebung abhebt.

In einer Konkurrenzsituation wird zur Figur nach den Figur-Grund-Gesetzen:

- ☐ Die klarer umrissene Einheit gegenüber der weniger klar eingegrenzten, d. h. die Thematik hebt sich stärker ins Bewußtsein, wenn man sie überschaubar macht und ihren Umfang, Anfang und Ende bestimmt.

- ☐ Die Einheit, die kompletter und zusammenhängender ist, gegenüber der diffusen, d. h. man kann das Thema heben, indem man die verstreuten Tätigkeitsbereiche zu einem Ganzen zusammenrückt und als Einheit versteht.
- ☐ Bewegtes und Lebendiges gegenüber Statischem, d. h. beim Thema sollte sich etwas tun, muß etwas los sein.
- ☐ Die bizarre Einheit schlägt die harmonische, was bei der Abwehr zu beachten ist.

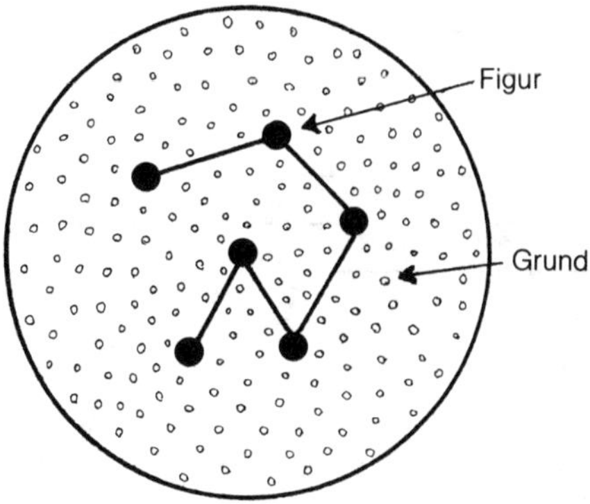

Hebung des Themas zur Figur

Man kann das leicht fortsetzen. In unserer Studie berichten die Befragten, daß Streit sie in hohem Maße in der Konzentration stört. Der Streit ist gegenüber der Aufgabe Figur, denn er ist klarer umrissen, kompletter, lebendiger, bizarrer, kompakter usw.

Konzentrierter Lebensstil heißt also, ein waches Auge darauf haben, daß man das Thema als Dauerfigur halten kann.

Was-&-Wie-Liste

Was beschäftigt mich besonders stark?	Wie kann ich mich davon trennen?

Setzen Sie ein „L" vor die Posten, wo die Trennung leichtfällt, und ein „O" vor die, wo sie ein Opfer wäre. Beginnen Sie mit ein paar „L", dann ist ein Opfer fällig, dann wieder leichte Sachen usw. Wenn Sie spüren, daß nach und nach das Thema in den Vordergrund rückt, ist es genug. Achtung, in die Wüste Geschicktes kommt gern zurück, Neuzugänge nur im Austausch. Letztlich geht es darum, Beziehungen zu Nebensachen nicht so zu pflegen, als seien sie Hauptsachen.

Senkung

Es versteht sich von selbst, daß in bezug auf den themabedrängenden Freizeitbereich nicht Freizeit als solche oder der Zeitaufwand an sich zum Problem werden kann, sondern der Grad des inneren Engagements und alle übrigen Kriterien der Figur-Grund-Gesetze. Angenommen, zwei Leute spielen Tennis, gleich viel, gleich gut und mit gleicher Teilnahme am Klubleben. Aber für den einen kippt der Sport um zur Figur, weil ihn die klar umrissene, lebendige Tennis-Welt fasziniert. Darin lebt er. Er wird seinsorientiert. Für den anderen bleibt sie Spaß und Nebensache, ohne die eigentliche Thematik zu stören.

Absenkungsmaßnahmen zur Hebung des Themas können auch eine Verringerung der Vielfalt von Ablenkungen betreffen. Vielfalt hat in sich hohen Reizcharakter, gerade wenn das Thema nicht so abwechslungsreich ist.

Machen Sie eine Aufstellung von allen Dingen, die Sie innerlich stärker beschäftigen und auf die Sie *verzichten* möchten. Es spielt keine Rolle, ob es sich um bestimmte ständige Gedanken handelt, nebensächliche Auseinandersetzungen, Vorlieben und Angewohnheiten. Von Vorteil ist eine *Was-&-Wie-Liste*. Unter „Was" tragen Sie ein, um was es geht. Unter „Wie" notieren Sie, auf welche Art und Weise Sie sich trennen wollen. Siehe gegenüberliegende Seite.

Tendenztafeln

Auf den folgenden Tafeln möchten wir das bisher Gesagte stichwortartig erhellen, und zwar mit dem Ziel, das Arbeitsthema emotional stärker in den Mittelpunkt zu stellen. Tafel A zeigt ungünstige Einstellungen, Verhaltensweisen, Situationen dafür – Tafel B das Pendant, die günstigen Tendenzen auf dem Wege dahin. Die Stichworte wurden nicht danach ausgesucht, inwieweit sie das Spektrum abdecken. Vielmehr wurde versucht, anhand der Beispiele – es können auch andere sein – Verhaltenstendenzen zu verdeutlichen.

A

Tendenztafel
Thema steht emotional im Mittelpunkt

Ungünstig ist, wenn Sie …

- häufig Kontakt mit sympathischen Leuten haben, die von dem Thema nichts halten
- Nebensächlichkeiten wie Preisvorteile, Wetter, Fehler von nicht nahestehenden Bekanntschaften zu sehr beschäftigen
- beim Gedanken an Ihr Arbeitsthema die Stirn runzeln
- gern lange vor dem Fernseher sitzen
- bei Ihren Aufgaben stärker auf das Dringende als auf das Wichtige eingestellt sind
- zu häufig mit Leuten zusammen sind, die sich nur dafür interessieren, eine schöne Zeit mit Ihnen zu verbringen
- bei schlechter Laune Ihr Arbeitsthema als Prügelknabe benutzen
- unaufgefordert nie über Ihr Arbeitsthema sprechen
- einen zu großen Bekanntenkreis mit vielen Telefonanrufen, Unternehmungen und Verpflichtungen besitzen
- sich keine Sekunde länger als nötig mit dem Thema beschäftigen
- die Telefonitis generalis haben
- ein Hobby zu sehr lieben
- aktuelle Ereignisse wie Fußballmeisterschaften, Auftritte von Popstars, die Mode oder neue Filme Sie häufig in Beschlag nehmen
- aus Ihrer Wohnung alles verbannt haben, was Sie an Ihre Arbeit erinnert
- zuviel darauf achten, wie man das Leben genießt
- sich mit 1000 Erledigungen belasten
- Ärger mit Menschen haben, die Sie ständig sehen
- sich in ein Netz von Freizeitaktivitäten verstrickt haben

B

Tendenztafel
Thema steht emotional im Mittelpunkt

Günstig ist, wenn Sie...

- ab und zu einen gelangweilten Zuhörer für das Besondere Ihrer Arbeit begeistern
- ein Interessengebiet außerhalb des Berufs innerlich nicht zur Hauptsache machen
- es unmöglich ist, Sie zu ärgern
- vor und nach der Beschäftigung nichts Besonderes tun
- einen Bekanntenkreis mit Leuten haben, die sowohl arbeiten als auch feiern können
- beim Telefonieren schnell und doch charmant auf den Kern der Sache kommen
- sich mit nebensächlichen Dingen innerlich nicht mehr beschäftigen, als es angemessen ist
- gut allein sein können und sich nicht ablenken müssen
- neugierig auf alles sind, was auch am Rande mit Ihrem Arbeitsthema zu tun hat
- sich in der Freizeit daran erinnern, was Ihnen an Ihrer Arbeit am meisten Spaß macht
- sich auf wenige gute Freunde einstellen und sonst auf fröhliche Kontakte, wo man nicht viel voneinander fordert
- äußere Ereignisse Sie nur kurz beschäftigen
- zu Hause Bilder, Gegenstände oder anderes haben, die Highlights Ihres Themas zeigen
- ein gutes Verhältnis zu den Menschen in Ihrem beruflichen und privaten Umfeld haben
- eine kleine Zahl gleichbleibender Freizeitaktivitäten pflegen
- Ihren Fernseher nicht durchlaufen lassen
- immer eine freundliche Miene aufsetzen, wenn von Ihrem Arbeitsthema die Rede ist, egal, was gerade los ist
- sorgfältig auswählen, welche Erledigungen wirklich erforderlich sind

Element 2
Strukturstärke

Wir haben uns nun um das stabile, kurvenfeste „Fahrgestell" des konzentrierten Lebensstils zu kümmern. Es geht um die haltgebende Form, die Verstrebungen und um die Laufruhe. Wenn wir eine Standfestigkeit besitzen, die auch für Höchstleistungen ausgelegt ist, dann können wir mit einem sicheren Gefühl an den Start gehen. Das Fahrgestell wird nicht gleich bei der ersten Kurve auseinanderfliegen.

10 Testfragen zur Einstimmung

Wie sieht es mit Ihrer Strukturstärke aus? Gehen Sie die Fragen wieder als Anregung durch, um darüber nachzudenken.

Frage 1

Was denken Sie, wenn Sie morgens in den Spiegel sehen und Ihnen ein griesgrämiges Gesicht entgegenblickt?

A Dann wollen wir mal wieder ○
B Hallo, guten Morgen ○

Frage 2

Ziehen Sie gerne mal klassische Schuhe an?

A Ist nicht mein Fall ○
B Ja ○

Frage 3

Wie teilen Sie Ihren Tag ein?

A Spontan ○
B Mache mir einen Plan (im Kopf oder auf dem Papier) ○

Frage 4

Wie sieht es in Ihrer Schreibtischschublade aus?

A Fragen Sie lieber nicht ○
B Ordentlich ○

Frage 5

In den Wetternachrichten heißt es: „Heiter bis wolkig mit örtlichen Sonnenfeldern bei strichweisem Regen." Wie wird das Wetter?

A Nicht besonders ○
B Es geht ○

Frage 6

Kann man sich auf Sie verlassen?

A Kommt darauf an ○
B Ich denke schon ○

Frage 7

Wie gehen Sie beim Sprechen mit den Wörtern um?

A Etwas nachlässig ○
B Gestalte sie klar und deutlich ○

Frage 8

Schätzen Sie die Zeit und den Schwierigkeitsgrad einer Aufgabe meist richtig ein oder zu günstig?

A Zu günstig ○
B Meist richtig ○

Frage 9

Heben Sie gerne Sachen auf, die Sie vielleicht noch gebrauchen könnten?

A Ja, man weiß nie ○
B Was weg kann, muß weg ○

Frage 10

Achten Sie darauf, daß Sie bei den Annehmlichkeiten des Lebens nicht zu kurz kommen?

A Allerdings ○

B Sind mir nicht so wichtig ○

Je mehr B-Antworten, desto günstiger.

Immer die größere Lösung

Sehr oft kann man sich entscheiden zwischen etwas Normalem und etwas Besonderem. Die normale oder sogar etwas kleinere Lösung steht zur Diskussion oder die größere. Strukturstärke ist die größere. Strukturschwäche ist die größere allerdings, wenn sie ins Abseits führt. Was ist eine größere Lösung? Es ist die konsequentere, die weitreichendere, die umfassendere, die gewagtere, die härtere, die ungewöhnlichere, die zukunftsorientiertere, die großartigere, die spektakulärere, die verrücktere.

Wirklichkeitsnähe

Ein zutreffendes Bild ist etwas, das man sich machen soll. Reizvoller ist das unzutreffende Bild. Wer schwelgt nicht gern in der Überschätzung seiner Möglichkeiten. Auch unter den eigenen Möglichkeiten zu bleiben, ist nicht unangenehm. Wärme von geringem Risiko, Sicherheit und Geborgenheit durchdringen den Körper, Sofafreuden. Der Reiz von Wirklichkeitsnähe liegt im hellen, flutenden Licht. Konturen zeichnen sich ab, Sonne, Licht und Schatten, Farbenspiele. Ein plastischer Eindruck entsteht. Die eigenen Stärken und Schwächen zu sehen, schränkt nicht ein, sondern zeigt die sicheren Ansatzpunkte. Machen Sie sich richtige Einschätzungen zum Sport. Wie lange wird eine bestimmte Arbeit dauern? Wie werden sich welche Kollegen in welchen Situationen voraussichtlich verhalten? Reagiert ein Kunde so, wie Sie es erwartet haben?

Belastbarkeit

Angenommen, Sie haben schlechte Laune. Ihr Problem beschäftigt Sie so stark, daß Sie sich außerstande fühlen, etwas Vernünftiges zu tun. Hoffentlich kommt einem jemand in die Quere. Dann würde man den Kram los.

Konzentrierter Lebensstil ist jedoch nicht denkbar, ohne den Kram auch wegstecken zu können. Nehmen Sie sich in solchen Phasen wenigstens eine kleine Aufgabe vor. Dasselbe gilt für einen Zustand, wo man sich, wie man in Österreich sagt, so richtig „lätschert" fühlt. Rückkehr von einer Reise, wenig Schlaf u. ä. Sie können sicher sein, daß wenig dabei herauskommt. Es reicht aus, in Abständen, aber in nicht abreißender Folge Überwindungserfahrungen zu setzen (siehe auch Kapitel „Die Dinge mit Biß vorantreiben").

Artisten berichteten uns, daß sie vor einem Auftritt persönliche Probleme mit einem routinemäßigen Handgriff wegdrücken können und müssen. Die Trainierbarkeit ist ohne Frage. Die Arbeit an den Ursachen ist davon unberührt. „Und jetzt mag ich nicht mehr", sagt man sich oft. Die halbe Stunde, die Sie ab Punkt Lustlosigkeit weitermachen, ist es, von der die strukturstärkende Wirkung ausgeht. Beim nächstenmal verläßt Sie die Lust eine halbe Stunde später.

Achtung vor „Weichmachern"!

Ein spartanisches Leben braucht man nicht zu führen, um sich besser konzentrieren zu können. Aber zu viele watteweiche Elemente dürfen Sie sich nicht gönnen. Sonst weicht die Konzentrationskraft auf. Das Ziel zählt, nicht die einzelne Annehmlichkeit. Einige Beispiele: gemütliche Besprechungszimmer, weichgepolsterter Schreibtischstuhl, Menschen, die einen in allem bestätigen, zu viel und zu gut essen und trinken, dauernd angenehme Musik, Zigaretten und Cognac bei unangenehmer Arbeit, ausgedehntes Stammtischleben, Pantoffeln anziehen, sowie man die Wohnung betritt, filzüberzogenes Telefon, viele Schaumbäder, Freunde, Kollegen, die sagen: „Ach was", noch ein Bierchen und noch ein Bierchen, Dauerfernsehen, überdekorierte Wohnung, wohin das Auge blickt.

Problemlöse-Einstellung

Tritt ein Problem auf, heißt das, es bricht etwas auseinander, das real oder in der Vorstellung zusammengefügt war.

Die Erwartung, z. B. mit dem Taxi rechtzeitig den Flughafen zu erreichen, hatte sich fest mit der Realisierbarkeit verbunden. Ein Stau auf dem Weg dahin ließ die beiden Einheiten auseinanderbrechen. Ein Denkprozeß z. B. geht zügig voran. Eine Schwierigkeit oder eine Störung läßt ihn abreißen. Ein Produkt, das die Marktführerschaft besitzt, wird von seinem ersten Platz getrennt, weil die Konkurrenz aktiver war.

Ein Problem muß nicht nur zu seiner Lösung drängen. Die erhöhte Erregung – ursprünglich biologisch zur schnellen Wiederherstellung des Gleichgewichts gedacht – steigert irgendwo auch das Lebensgefühl. Die Lage ist nicht unspannend. Was zu uneingestandener Lust führen kann, Probleme noch etwas aufzubauschen und sich auf den hohen Fluten des Ärgerns, Jammerns, Klagens, Schimpfens, Zornfunkelns, Grübelns und Grollens treiben zu lassen. Oder man neigt den Zauberkünsten zu: Verdrängen, Verschieben, Nicht-wahrhaben-Wollen, Hokuspokus dillax, das Problem ist weg. Der Anhänger des konzentrierten Lebensstils genießt Besseres. Lösen, aus, Ende.

Alles klar?

Alles klar! Die fröhliche Frage und die Erwiderung zeigen, welchen Rang die Klarheit besitzt. Die ständige Bemühung gehört zur Lebensart. Mit der klaren Aussprache fängt es an. Wie gut man etwas erklären kann, ist an der Zahl der Nachfragen zu erkennen. Klar sagen, was man will, klare Stellungnahmen, klare Entscheidungen sind ein Wert und natürlich, daß man klar bei Verstand ist. Wichtiges und Unwichtiges klar voneinander unterscheiden zu können, auch klar (siehe auch „Die 3 Klarheiten" im Kapitel Konzentrationstechnik).

Das Geheimnis der Klarheit ist die tiefe innere Beziehung zum Nebel. Menschen, bei denen eine besondere Klarheit auffällt, haben meist die davorliegende Phase der Unklarheit ernst genommen. Nebel ist für sie eine normale Sache, die sie nicht beunruhigt. Sie spielen Möglichkeiten durch und sind sich bald sicherer als andere.

Ordnung – zwischen Abneigung und Traum

Haben Sie keine Probleme mit der Ordnung? Dann dürfen Sie diesen Abschnitt überschlagen. Vorteil und Preis der Zivilisation ist, daß wir Tausende von Hilfsmitteln in unserer unmittelbaren Umgebung haben. Wehe, wir bringen mehrere Einzelstücke nicht exakt an den Ort zurück, von dem wir sie geholt haben. Archäologische Schichten entstehen. Wir wissen natürlich, wie zeitraubend und konzentrationsstörend Ausgrabungsarbeiten sind.

Der Unordentliche träumt von der Ordnung. Er ist gut im Entwurf von Ordnungssystemen, und hat er die Aufgabe, bei anderen für Ordnung zu sorgen, zeigt er sich begabt. Gerne hört er, wenn die eigene Unordnung als Ausdruck von Spontaneität, Genialität, Künstlertum, Gemütlichkeit bezeichnet wird. Richtig gefallen tut sie ihm nicht. Nur zu gut weiß er, wie schmal der Grat zum deprimierenden Chaos ist. Soll Ordnung als strukturstärkende Maßnahme wirken, muß man sich fragen: Was hindert einen eigentlich? Warum räumt man nichts weg? Tatsache ist, daß das Verstauen der Gegenstände ein negatives Erlebnis darstellt. Das Einschachteln und Unterbringen auf platzsparende Weise löst ein Gefühl von Enge aus. Das wieder hineingestellte Buch, mit dem man eine Weile vertraut war, muß sich auf wenige Rücken-Zentimeter beschränken. Rechts und links drückt die Masse der anderen. Ebenso ergeht es der Schere, die man eben noch in der Hand hielt. Zurück in der Schublade, erwartet sie Dunkelheit und – offiziell – die immer gleiche schmale Lücke an der Seite. Ein Hauch von Klaustrophobie liegt in der Luft. Verlustängste nagen. Weiß man, ob man das, was man ständig braucht und weggeräumt hat, jemals wiedersieht? Auf jeden Fall bedeutet Aufräumen nichts Gutes. Dagegen erlebt sich die Suche positiver, auch wenn man durch viele Höhen und Tiefen hindurch muß. Plötzlich, man schreit, jubelt: „Da ist es!" Das Glück einer solchen Sekunde ist durch nichts aufzuwiegen. Eine Fehlschaltung ist es trotzdem. Ihr ist dadurch zu Leibe zu rücken, daß man einen Sinn für den Attraktionswert der Ordnung gewinnt, den man noch nicht sah. Der Ordentliche beschäftigt sich nicht mit dem emotionalen Gehalt des Wegräumens. Robust befördert er jedes Stück wieder zurück an seinen Platz. Seine Aufmerksamkeit ist dagegen auf den Reichtum der leicht verfügbaren Mittel gerichtet. Auf den Reichtum ist zu achten. Das ist der Punkt. Ordnung macht reich.

Organisation

Unter Organisation verstehen wir hier die persönliche Organisation. Was will ich, in welchen Schritten, mit welchen Mitteln?

Organisation heißt vor allem Vorbereitung. Ob man ein Geburtstagsgeschenk sucht, für den nächsten Tag ein Projekt plant, man muß es sich zur Gewohnheit machen, ausreichend Zeit zum Überlegen vorzusehen. Wie fängt man etwas am geschicktesten an? Wenn die Vorgehensweise steht und realistisch ist, hat man etwas gewonnen, das suggestive Kraft hat. Die Aufstellung eines sehr optimistischen Plans sollten Sie sich höchstens leisten, wenn Sie bereit sind, am Schluß zu kämpfen. Zur „Überbuchung" kommt grundsätzlich etwas, womit man verständlicherweise nicht rechnete. Nichts ist strukturschwächender als das Erlebnis, etwas nicht geschafft zu haben. Ebenso wirkt eine zu pessimistische Planung. Unter seinen Möglichkeiten geblieben zu sein, macht klein und ärgerlich.

Hilfsmittel der Organisation, wie sie in Bürogeschäften angeboten werden, drehen sich in der Regel um die Art, wie man die Vorgehensweise am besten aufschreibt: z. B. Terminkalender, Pinnwände, Ablaufpläne, Haftzettel. Ein Tip zu letzterem: Denken Sie daran, daß der Störreiz, den die Erinnerungshelfer haben sollen, nach ein paar Tagen verblaßt. Der gelbe Zettel an der Lampe gehört bald zur vertrauten Einrichtung. Sollte die Erledigung noch offen sein, wechseln Sie die Farbe des Haftzettels.

Ein äußerst praktisches Organisationsmittel sahen wir bei dem Geschäftsführer einer Möbelhauskette. Er litt unter dem Problem, Telefonnotizen, Ideen, Mitschriften aus Verhandlungen, Privates, Personalangelegenheiten und die Probleme der verschiedenen Abteilungen immer woanders aufschreiben zu müssen. Sofern etwas nicht ablagefähig war, verschwand es. Bis er eines Tages alles in ein einziges festgebundenes Buch notierte. Keine „praktische" Loseblatt-Sammlung. Der Verfasser übernahm das und gewann im Laufe der Jahre viele andere, die seitdem auf das festgebundene Buch schwören. Nennen wir es „Das Buch für alles". Ob weiß, liniert oder kariert, ist gleich. In dieses Buch schreiben Sie alles, was Ihnen wichtig ist. Haben Sie keine Angst vor einem Durcheinander. Selbst was Monate zurückliegt, finden Sie durch Zurückblättern sofort. Das „Buch für alles" ist Ihr ständiger Begleiter durch den Tag. Scheuen Sie sich nicht, auch etwas einzukleben, was Sie eine Weile bewahren wollen, zum Beispiel Zeitungsausschnitte, Bilder, Visitenkarten. Man kann damit planen, etwas in Erinnerung behalten und Tagebuch führen. Telefonnotizen gehören grundsätzlich hinein. Sie erfahren von einem Geheimtip für ein Lokal, das gehört in das Buch. Ebenso wie ein Witz, den Sie nicht vergessen möchten. Da man je nach Stimmung jeden Tag etwas anderes schreibt oder andere Farben von Kugelschreibern benutzt, Bilder und Schemata auftauchen, entsteht etwas organisch Gewachsenes. Sie erinnern sich beim Zurückblättern sofort, was los war. Deshalb macht das Wiederfinden keine Probleme. Wichtiges übertragen Sie, wenn es erforderlich ist, z. B. in den Kalender oder in Kundenakten. Das Buch wird sehr wertvoll, hüten Sie es und tragen Sie Ihre Adresse vorne ein. Wie lange ein „Buch für alles" reicht, hängt davon ab, wieviel Sie um die Ohren haben und wie stark Sie es nutzen.

Rhythmus

Wir sind leistungsfähiger und fühlen uns wohler, wenn wir den natürlichen Rhythmen von Wach- und Schlafzeiten, Anspannung und Entspannung, Hochs und Tiefs unserer Leistungsbereitschaft, regelmäßigen Essenszeiten,

Veränderungen des Wetters usw. folgen. Ständiges Leben gegen den Takt wirkt nicht bündelnd, schwächt auf die Dauer die Konzentrationskraft. Wenn wir versuchen, eine größere Sensibilität für natürliche Rhythmen zu entwickeln, muß man auch die ungünstigen Rahmenbedingungen im Auge behalten. *Jürgen Rinderspacher* beschrieb 1985 die allmähliche Entrhythmisierung der Zeitepochen von der organischen Zeit der Urvölker bis zu unserer abstrakten Zeit.

Unser Vorschlag ist es, von innen her ein Gespür für die überformenden Rhythmen zu bekommen, um von dort her ihre Verbindlichkeit anzuerkennen. Das ist der natürliche Weg. Sie brauchen sich nicht in Biorhythmus-Diagramme einzuarbeiten. Lenken Sie Ihre Aufmerksamkeit eine Weile darauf, wie Sie sich fühlen. Schreiben Sie auf, wenn sich etwas ändert, z. B. in das „Buch für alles". Sie sollen sich nicht gezwungen fühlen, jeden Tag den Verlauf Ihrer Form zu protokollieren. Es genügt, das ab und zu zu tun. Wir wollen ja nicht wissenschaftlich gesicherte Kurven gewinnen, sondern eine höhere Sensibilität. Machen Sie in der Mitte eines Blattes einen Strich. Schreiben Sie auf der linken Seite auf, wie Sie sich fühlen, zum Beispiel müde, frisch, mittel, in Hochform, deprimiert, albern, hungrig, nervös, auf dem Zahnfleisch gehend usw. Sie können das ruhig etwas näher ausführen. Gegenüber auf der rechten Seite notieren Sie die Uhrzeit, die näheren Umstände und Ihre Vermutungen über die Gründe. Letztere werden nach und nach treffsicherer werden. Ziehen Sie einen Schlußstrich, bewerten Sie den Tag, und richten Sie den nächsten noch besser ein.

Die nächste Phase besteht darin, die Rhythmen nicht nur zur Kenntnis zu nehmen, sondern sein Leben auch auf sie einzustellen. Einschlafen vor dem Fernseher bedeutet, daß frühe Schlafsignale nicht registriert bzw. mißachtet wurden. Ein natürliches Tief am Tage sollte nicht ohne Not mit Kaffee beseitigt werden.

Von Vorteil ist es, Verhaltensweisen zu rhythmisieren. Das kann ein kleiner regelmäßiger Spaziergang sein, etwa immer zur gleichen Zeit, ein bestimmtes Ritual, mit der Arbeit anzufangen. Nicht nur zur gleichen Zeit aufzustehen, sondern auch schlafen zu gehen, mittwochs und donnerstags Höchstleistungen zu bringen, freitags etwas ruhiger usw.

„Zeit-Athletik"

Der Empfehlung, sich für natürliche Rhythmen zu öffnen, folgt die gegenteilige Aufforderung. Man muß daran gewöhnt sein, auch dann gute Konzentrationsleistungen zu bringen, wenn die Situation es erfordert, der Biorhythmus sich aber mit Händen und Füßen sträubt. Wegen der athletischen Komponente, die ins Spiel kommt, wollen wir von „Zeit-Athletik" sprechen.

Schon die *Pünktlichkeit* oder das Halten eines Termines ist mit Absicht allein nicht zu erreichen. Die notwendige Kraft muß sich aufgebaut haben. Dann ist es leicht. Wer in dieser Richtung Probleme hat, tut gut daran – abgesehen von entsprechenden organisatorischen Vorkehrungen –, sich in der ersten Zeit ruhig ein wenig zu zwingen. Die sportlich-harte Linie wird Sie um so schneller zu einem wettkampfreifen, locker tänzelnden „Zeit-Athleten" machen.

Die Schnelligkeit ist wichtig. Gewöhnen Sie sich daran, selbst tägliche Verrichtungen mit dem kürzesten Zeitaufwand hinter sich zu bringen. Wir meinen nicht Hektik, sondern Zügigkeit. Oft hilft schon die bessere Organisation eines Handlungsablaufs.

Da die *Ausdauer* der kritische Punkt der Konzentrationsleistung ist, sollten Anhänger des konzentrierten Lebensstils im besonderen Maße Dinge pflegen, die eine längere Zeit dauern. Uns fallen Opern ein in Überlänge, anspruchsvolle 1000-Seiten-Bücher, Schachpartien, lange Bildbetrachtungen, Marathon. Die beste Übung besteht darin, anderen Menschen zuzuhören.

Vergnügen an Qualität

Der konzentrierte Lebensstil enthält die Freude, eine Sache über das Notwendige hinaus gut zu machen. Umgeben Sie sich nicht mit Dingen, die eine mindere Qualität besitzen. Das zieht herunter. Lieber verzichten Sie darauf. Welche innere Stärkung geht zum Beispiel von einem handgeschöpften Papier aus, das man in den Händen hält.

Auch in bezug auf die Qualitätsansprüche an das eigene Tun gilt es, von der nur rationalen Bewertung einer gut gemachten Sache wegzukommen. Der Blick auf den blühenden Garten ist etwas, das Vergnügen bereitet.

Bei etwas bleiben und sich von etwas trennen können

Eine gefährliche Sache ist es, ohne zwingenden Grund und einfach so nicht bei einer Sache zu bleiben. Wir meinen ausdrücklich die kleinen Vorhaben, bei denen es nicht so darauf ankommt, ob man sie durchführt oder nicht. Fügen wir noch hinzu: bei denen niemand weiß, daß es sie gibt. Man nimmt sich z. B. fest vor, endlich den Reisepaß verlängern zu lassen, aber man bringt das Auto zur längst fälligen Inspektion. Man möchte ins Kino, aber man läßt es, weil es regnet. In der Menge der Fälle lernt Ihr Organismus, daß eine Absicht etwas Unverbindliches ist. Kommt es nun doch darauf an, ist im Lebensstil kein Verhaltensmuster geprägt, in das man sich nur einzuhängen braucht, sondern man muß unverhältnismäßig viel Energie aufwenden. Das heißt: Man kommt nicht weit. Bleiben Sie deshalb aus selbstpädagogischen Gründen möglichst oft bei der Sache, die Sie sich vorgenommen haben. Der Vorwurf der Sturheit ist ein Kompliment für Ihre Strukturstärke.

In gleicher Weise muß die Fähigkeit etabliert sein, sich von etwas trennen zu können. Ein eingeschlagener Weg, der sich als sinnlos herausstellt, wird von manchen gerne noch eine Weile weitergegangen, weil er einem vertraut geworden ist. Vertrautheit kann zur irrealen Sicherheit werden, die man nur unter Schmerzen aufgibt. Auch aus einem Film, der einem entgegen der Erwartung nicht gefällt, gehen die meisten ungern hinaus. Ein Erfolg oder ein Mißerfolg bei einer vorausgegangenen Aufgabe kann sich wie ein Schleier über die neue legen (*nach J. Kuhl, Motivation, Konflikt und Handlungskontrolle*). Es fällt schwer, die Aufmerksamkeit von Zurückliegendem zu lösen. Jedes Sich-Losreißen tut ein wenig weh. Es empfiehlt sich, bei kleinen Dingen anzufangen, um allmählich eine schützende Hornhaut wachsen zu lassen. Bei einem Fest zum Beispiel gilt nicht ohne Grund der Spruch, daß man gehen soll, wenn es am schönsten ist. Erstens behält man eine gute Erinnerung, zweitens bleibt man in Fasson.

Systemschwenk

Ein System ist zum Beispiel der Entwurfplan für eine Fußgängerzone. Wenn einen das Konzept nicht befriedigt, könnte man es verbessern oder „umschmeißen". Ein Systemschwenk ist auch, bei einem Gespräch die eigene Sichtweise mal zu verlassen und etwas aus der Perspektive des anderen zu sehen. Das bedeutet, soweit es geht, die eigenen Erlebnisse, Erfahrungen, Wertvorstellungen, Kontaktpersonen usw. aufzugeben und mal in die des Gegenübers einzusteigen. Wie sieht die Welt aus der Sicht einer Katze, eines Hundes, eines Pferdes aus? Ist die Meinung, die man hat, die richtige? Erst die Überprüfung mit dem Mittel des Systemschwenks bringt Sicherheit.

Es gibt viele Möglichkeiten, Systemschwenks durchzuführen. Sie machen schwindelfrei, was die Struktur stärkt.

Die Prüfung ergibt vielleicht, daß alles in Ordnung ist. Um so sicherer fühlt man sich. Maler prüfen ein entstehendes Bild gerne, indem sie es auf den Kopf gestellt betrachten. Der Plan für ein neues Freizeitbad hängt an der Wand. Die Änderungen, die einem einfallen, werden immer mehr. Zufrieden wird man trotzdem nicht. Runter von der Wand, Papierkorb. Umdenken. Man sollte es können, aber es sollte die Ausnahme bleiben.

Freude am Beobachten

Jetzt dürfen Sie sich ein wenig von den Systemschwenks erholen. Wenn Sie die Freude am Beobachten für sich noch nicht entdeckt haben, nun wäre die Gelegenheit. Sich umsehen, etwas fixieren, bewerten, um dann zu handeln, ist ein Überlebensmotiv. Tiere, die Feinde, Beute, Liebespartner schneller erfassen als andere, sind im Vorteil. Wir würden sagen: erfolgreicher. Beobachten Sie nicht nur Auffälliges, sondern z. B. das Fließen eines Flusses, seine Strömungswellen, die hohlen Spiralen der Strudel oder die langsame Wanderung eines Baumschattens. Eine wichtige Eigenschaft des Beobachters ist nämlich Geduld. Viele Konzentrationsschwierigkeiten beruhen auf ungewohntem Umgang mit Geduld erfordernden Situationen. Bevorzugt man stimulierende Inhalte und gewöhnt sich daran, wie soll man sich auf einmal auf eine Aufgabe einstellen können, die einen langen Atem erfordert?

Das liebe Ich oder lieber die Kunst, über sich selbst zu lachen

Ein Zeichen von Strukturstärke ist es, sich selbst nicht so wichtig zu nehmen. Wie läßt sich das besser kultivieren als durch Selbsthumor?

Man braucht ihn, wenn eine intensive Bemühung auf peinliche Weise danebengeht, weil ein Mißverhältnis zwischen Anspruch und den eigenen Möglichkeiten zutage trat. Das ließe sich verschleiern oder überspielen, oder man klagt andere oder sich selbst an. Es heißt, daß Erfolgreiche sich von weniger Erfolgreichen dadurch unterscheiden, daß sie Niederlagen besser verarbeiten können. Die wichtige Selbstkritik läßt sich in magenzersetzender Form durchführen oder in der Art, daß man über seine Schwäche lachend den Kopf schüttelt. Damit bekennt man sich zu ihr, macht sie deutlich und sagt doch, daß es so nicht weitergeht.

Selbsthumor reicht zwischen einem sekundenlangen Schmunzeln über sich selbst bis zum Erzählen einer spannenden Geschichte über das eigene

Mißgeschick, an dem man schuld hatte. Stories über sich selbst witzig und offen erzählen zu können, ist der Königsweg, um zu seinen Schwächen zu stehen. Humor hat viel zu tun mit Realismus.

Da für den Anhänger des konzentrierten Lebensstils nur die größere Lösung in Frage kommt, wählen wir den Königsweg.

So erzählen Sie eine Geschichte, in der Sie die tragische Hauptrolle spielen und zum Schluß zu „menschlicher Größe" auflaufen.

Aufbau einer Geschichte mit Selbsthumor

Dramaturgie	*Wirkung*
1. Stufe	
Sehr anschauliche Beschreibung der Ausgangssituation. Worum geht es? Was haben Sie vor? Was wollen oder sollen Sie tun? Durch verschiedene Andeutungen bringen Sie Ihre hochgespannten Erwartungen, Ansprüche, Ziele ins Spiel. Geben Sie sich eine Spur zu selbstbewußt. Bleiben Sie während der ganzen Geschichte ernst.	Ihr Publikum steigt in die Szene ein. Es identifiziert sich mit Ihnen, dem Helden der Geschichte. Ihre Zuhörer reizt das Spannungsfeld zwischen der überzeugten Art, wie Sie auftreten, und dem leisen Zweifel, den Sie gesät haben.
2. Stufe	
Die Geschichte geht flott voran. Alles scheint zu klappen. Streichen Sie Ihre Vorzüge heraus. Geben Sie an. Werden Sie unsympathisch.	Da die Zuhörer sich mit Ihnen identifizieren, freuen Sie sich über den Anfangserfolg. Dadurch, daß Sie sich selbst zu stark herausstreichen, ist Ihr Erfolg nicht Ihrer. Die Identifikation mit Ihnen reißt ab. Man fühlt sich unterlegen. Zum Glück sind Sie unsympathisch. So einer möchte man nicht sein. Da die Geschichte offensichtlich weitergeht, besteht Hoffnung, daß Sie scheitern. Das Publikum lauert und fiebert einer Gelegenheit zur Schadenfreude entgegen.

Dramaturgie	*Wirkung*
3. Stufe	
Lassen Sie eine Ouvertüre des Scheiterns erklingen. Dazu genügen einige Hinweise, daß aufgrund Ihres Unvermögens, das Sie „mühsam" verdecken, sich das Blatt wenden wird.	Ihren Zuhörern tropft der Geifer aus den Mundwinkeln.
4. Stufe	
Ziehen Sie nun wieder hoch. Mächtig schreitet die Handlung fort. Sie sind nicht aufzuhalten. Schließlich läuten Sie ein unendlich langweiliges Happy-End ein. Kurz vor Schluß werden Sie leise und unendlich langsam.	Die Identifikation mit der Geschichte reißt ab. Man fühlt sich um die versprochene Unterhaltung betrogen. Die ersten reden bereits.
5. Stufe	
Werden Sie laut, sagen Sie, daß die Geschichte noch nicht zu Ende ist.	Aus Höflichkeit und ziemlich unwillig hört man Ihnen noch einmal zu. Was kann da noch kommen?
6. Stufe	
Plötzlich reißen Sie die Geschichte herum. Ein Systemschwenk blitzt über das Publikum. Mit lautem Getöse lassen Sie das wackelige Gebäude zusammenstürzen. Aber: Springen Sie zur Seite. Werden Sie zum außenstehenden Beobachter. Wie ein Bänkelsänger beschreiben Sie die Moritat von Ihrem eigenen Aufstieg und Niedergang. Singen Sie das Lied von der Unvollkommenheit allen menschlichen Handelns.	Ihre Leute hat es kalt erwischt. Nach einer Schrecksekunde johlen sie begeistert los. Auf der „Bühne" steht ein riesiges „Geschenkpaket". Und was da alles drin ist? Eine Flasche mit hochprozentiger Lachekstase, Schadenfreude-Kekse, Freibriefe für Fehler, Modell eines eigenen Denkmals, ein Bildband über die Natur des Menschen, wo hinten noch der Preis drinsteht und, und... Dankbarkeit breitet sich aus.

Dramaturgie	*Wirkung*
	7. Stufe
Halt! Sie haben zwar Souveränität bewiesen, Tatsache ist aber, daß sich die anderen auf Ihre Kosten amüsiert haben. So großartig das ist, daß Sie sich offen zu Ihren Schwächen bekannt haben, für Ihre Struktur ist es nicht gut, wenn der Eindruck zurückbleibt: Na ja, war wohl nicht so doll. Einfach zu lösen. Ist die Geschichte durch, beginnt die Phase des Nachglucksens. Man holt das eine oder andere noch einmal hervor und malt es sich weiter aus. Das ist der Zug, auf den Sie sich setzen. Steigern Sie auf charmante Weise Ihre Schwächen bis zur Unwahrscheinlichkeit.	Die ins Unwahrscheinliche getriebenen Schwächen machen es wahrscheinlicher, daß es sich um unwahrscheinlich bescheiden dargestellte Stärken handelt.

Tendenztafeln

Statt eines Resümees zeigen wir wieder Beispiele von strukturstärkenden und strukturschwächenden Verhaltenstendenzen. Sie sollen den gemeinsamen Nenner erkennen lassen und bewußt machen, worauf es ankommt.

A

Tendenztafel
Strukturstärke

Ungünstig ist, wenn Sie...

- Papierberge auf dem Schreibtisch lagern
- sich selbst zu ernst nehmen
- bei gemeinsamen Unternehmungen einer der ersten sind, der bei Schwierigkeiten zum Aufhören auffordert
- sich von anderen leicht beeindrucken lassen
- nur darauf achten, was Sie interessiert
- lieber mehr Sachen besitzen, dafür in geringerer Qualität
- zögern, einen falschen Weg sofort zu verlassen
- gerne über Streß und Anstrengung stöhnen
- vor Veranstaltungen flüchten, wo man lange in Stuhlreihen sitzen und zuhören muß
- sich zu lange darüber freuen, wenn Ihnen etwas gelungen ist
- sich selbst betrügen
- ausschließiich Reiseziele aussuchen, wo Freunde, Kollegen oder Sie selbst schon einmal waren
- den Wecker gern ein Viertelstündchen weiterstellen
- Stimmungen, Launen freien Lauf lassen, ob es paßt oder nicht
- oft zu spät kommen
- sich eine Sache häufig anders überlegen
- Gebrauchsanweisungen, die Sie nicht verstehen, zu schnell von anderen erklären lassen

B

Tendenztafel Strukturstärke

Günstig ist, wenn Sie ...

- möglichst gleichbleibende Schlafzeiten haben
- Beleidigungen langweilen
- an die praktische Durchführung denken
- Spaß an ungewöhnlichen Reisezielen haben
- über den eigenen Schatten springen können
- derjenige sind, der sich für Weitermachen und Durchhalten einsetzt
- unabhängig von Lob sind
- Freude am Luxus haben, etwas besser zu machen, als es nötig ist
- sich selbst nichts vormachen
- einen Schreibtisch mit wenig Sachen drauf bevorzugen
- einen anderen Menschen als anderes System auffassen
- andere auf Granit beißen lassen, wenn sie Sie von etwas abbringen wollen
- ruhiger werden, je größer der Streß wird
- immer ein wenig zu früh da sind und die Zeit davor genießen
- unbenutzte Dinge keine Sekunde länger als nötig herumliegen lassen
- über persönlichen Problemen stehen
- bei Zeitmangel lieber Zeit von der Arbeit selbst als von der Vorbereitung wegnehmen

Element 3
Die Dinge mit Biß vorantreiben

Zum stabilen, kurvenfesten Fahrwerk, womit wir die Strukturstärke verglichen haben, brauchen wir nun den Motor. Er sollte genügend „Biß" haben, um lange Strecken, Steigungen und Gelände durchzustehen. Abwärts und im Stand geht es ohne Energie.

10 Testfragen zur Einstimmung

Frage 1

Sie beobachten die Flugspiele von Silbermöwen.
Was empfinden Sie?

A Bewunderung ○

B Ein Kribbeln in den Armen ○

Frage 2

Können Sie Dampf hinter eine Sache machen, die gar nicht eilt?

A Nein ○

B Ja ○

Frage 3

Einer Ihrer besten Klienten beschäftigt sich seit vielen Jahren mit ägyptischen Keilschriften. Leider haben Sie so getan, als ob Sie sich auch dafür interessieren. Eines Tages schenkt er Ihnen das Buch „Keilschriften entziffern – leichtgemacht". Was denken Sie, während Sie sich bedanken?

A Daß es nicht so leicht ist, sein Geld zu verdienen ○

B Eigentlich verrückt ○

Frage 4

Was macht Sie bei einer Arbeit wütend?

A Wenn sie sich ewig hinauszieht ○
B Wenn etwas dazwischenkommt, das aufhält ○

Frage 5

Mitten in einem schlimmen Streß holen Sie tief Luft. Was würden Sie gerne ausstoßen?

A Einen tiefen Seufzer ○
B Urlaute ○

Frage 6

Gehen Sie auf der Straße schneller als andere?

A Nein ○
B Ja ○

Frage 7

Wie wirkt auf Sie ein großer Rückschlag?

A Brauche eine Weile, um mich davon zu erholen ○
B Wie Schnee von gestern ○

Frage 8

„Man lebt nicht, um zu arbeiten, sondern man arbeitet, um zu leben." Was sagen Sie dazu?

A Stimmt ○
B Auch die Arbeit ist ein Stück Leben ○

Frage 9

Welche Wörter gefallen Ihnen besser?

A Sonne, Meer, Saxophon, Düfte, Roman, Bärenfamilie ○
B Pferde, Tennis-Turnier, Krimis, Gebirge, High Tech, Flugzeug ○

Frage 10

Sie wissen nicht mehr weiter. Nichts tun oder etwas voraussichtlich Falsches tun, nur diese Möglichkeiten gibt es. Wofür entscheiden Sie sich?

A Nichts tun ○

B Etwas voraussichtlich Falsches tun ○

Je mehr B-Antworten, desto günstiger.

Sich in Arbeitsstimmung bringen

Eine Voraussetzung für Konzentration und Leistung ist ein gewisser Erregungszustand, das sogenannte Aktivationsniveau (nach Duffy und Lindsley). Physiologische Vorgänge liegen zugrunde. Der Organismus ist auf „Betriebstemperatur" zu bringen, bis ein leistungsfähiger Grad von Wachheit erreicht ist. Bei zu großer Erregung (Wut, ekstatische Freude, Angst, Panik) geht die Konzentrationsfähigkeit ebenso zurück wie bei zu geringer (Entspanntheit, Schläfrigkeit).

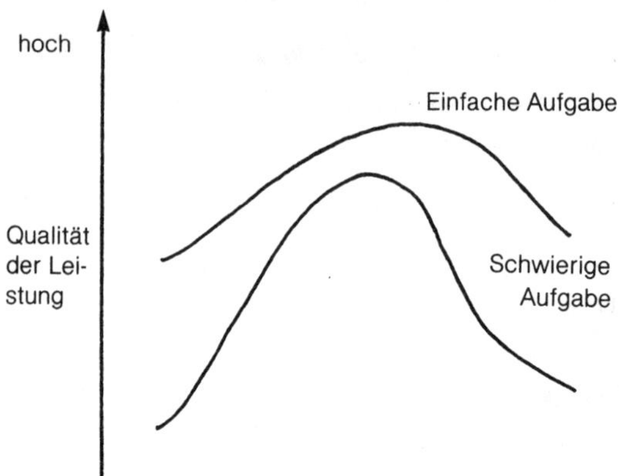

Aktivationsniveau (Niveau der Wachheit) – das sogenannte Yerkes-Dodson-Gesetz

Die Selbstkontrolle ist herabgesetzt. Weswegen es sehr wichtig ist, sie sich durch ständige Übung anzuerziehen. Für einfache Aufgaben ist ein etwas höheres Aktivationsniveau günstiger, für schwierige ein etwas niedrigeres (Yerkes-Dodson-Gesetz).

Eine Mischung aus Anstößen von außen wie Druck, Anreize und eigener Initiative sorgt für die Erregungslage. Anzustreben ist durch entsprechende Lebensgewohnheiten ein möglichst großer Eigenanteil. Er macht die stabile Stärke des Motivs aus. Wir wollen festhalten, daß der Organismus erst in leistungsbereiten Zustand versetzt werden muß, bevor man anfängt. Ein weiteres Merkmal des konzentrierten Lebensstils sollte es deshalb sein, nichts in die Hand zu nehmen, bevor man nicht voll darauf eingestellt ist. Man muß „heiß" auf etwas sein, wie im Sport gesagt wird. Sie setzen sich auseinander, steigern sich in das hinein, was Sie wollen. Dabei sehen Sie vielleicht nur aus dem Fenster oder tigern auf und ab. Nehmen Sie eine angespannte Körperhaltung an. Manche bevorzugen einen Wirbel aus lauter Musik, Papiere herumfetzen, Beschwörungsformeln. Bringen Sie sich in einen aggressiven Zustand. Halten Sie ihn während der ganzen Zeit. Die ideale Trainingsbedingung haben Sie, wenn Sie sich lustlos fühlen. Versuchen Sie von Punkt Null auf „Biß" zu kommen, und messen Sie die Zeit.

Die Sache selbst verfolgen

Für das Vorantreiben ist es ebenfalls effektiver, wenn das Verfolgen der Sache im Vordergrund steht und Dinge wie Zweck, Lob, Belohnung, zu vermeidende Sanktionen begleitende Funktionen haben. Man ist leicht veranlaßt, umgekehrt zu denken, was als extrinsische (von außen her) Motivation gilt. Die intrinsische (von innen her) Motivation betrifft den Reiz des Wirkens und Gestaltens und der in der Sache liegenden Attraktionswerte. *(Zur intrinsischen und extrinsischen Motivation s. Heckhausen.)*

Seien Sie ein unabhängiger „Intrinsiker"!

Probieren Sie einmal das intrinsische Autofahren.

> Der Extrinsiker sieht im Auto entweder einen Gebrauchsgegenstand, um von A nach B zu kommen, oder eine Möglichkeit, anderweitig unerfüllten Wünschen nachzurasen. Für beide Formen von Auto-Extrinsikern ist Autofahren Mittel zum Zweck. Sie sind weniger auf das Fahren konzentriert. Sie müssen viel schimpfen, weil andere, das ist der Verkehr, die Erfüllung des Zweckes behindern.

Der intrinsische Autofahrer unterscheidet sich schon beim Einsteigen. Er setzt sich nicht ins Auto wie der Extrinsiker, er geht an Bord. Alles in Ordnung? Liegt griffbereit, was man braucht? Kurze Sammlung. In Gedanken geht er die Fahrstrecke und die zu erwartenden Probleme durch. Minuten, Sekunden, er stellt sich ein. Abfahrt? Er legt ab. Hinein ins Verkehrsmeer. Das Meer verwünscht er nicht. Er liebt es. Es ist sein Meer. Bei Herausforderungen wie hoher Wellengang, kreuzende andere Pötte, Nebel, Klippen ist er in seinem Element. Auf die kreative Navigation kommt es an, um Kurs zu halten. Das Navigieren macht ihm Spaß, darauf ist er zentriert. Kehrt er von seiner längeren Reise zurück, wird Autofahrergarn gesponnen. An dem Abend bleibt die Fernbedienung unberührt.

Schieben Sie die Schmerzgrenze hinaus

Auf die Gewöhnung an Belastungen wiesen wir bei der Strukturstärke hin. Hier geht es um Abhärtung gegenüber dem toten Punkt. Dinge voranzutreiben, bedeutet zwangsläufig, daß irgendwann ein Moment eintritt, wo die Konzentration auseinanderzubrechen droht. Das ist ein unangenehmes, man kann ruhig sagen schmerzhaftes Gefühl. Man glaubt zu zerbröseln. Bitterer Geschmack kommt auf. Kluge Pausengestaltung hilft, daß der Zustand hinausgeschoben wird. Dann ist es doch soweit. Wenn Sie jetzt ein wenig kämpfen, den Schmerz auszuhalten versuchen, sind Sie ein Stück weiter. Der tote Punkt ist hinausverlagert.

Tendenztafeln

In den Tendenztafeln stellen wir Ihnen wieder günstige und ungünstige Lebensgewohnheiten vor, um Dinge mit Biß voranzutreiben.

A

Tendenztafel
Die Dinge mit Biß vorantreiben

Ungünstig ist, wenn Sie...

- Unangenehmes aufschieben
- die Nerven haben, eine Arbeit liegenzulassen
- nie das Unmögliche wagen
- nur mit Leuten zusammenarbeiten können, mit denen Sie sich gut verstehen
- Lob brauchen wie der Fisch das Wasser
- es vermeiden, auch mal über Ihre Kräfte zu gehen
- am Tage vom Urlaub träumen
- sich nur teilweise engagieren, wenn etwas keinen Spaß macht
- warten, bis der Termindruck Sie in Schwung bringt
- schnell zufrieden sind mit der eigenen Leistung
- über Mißerfolg lange nachdenken
- immer nur lieb und nett sind
- in Diskussionen über neue Projekte überwiegend die Probleme ansprechen
- mit Leuten, die dagegen sind, oft einen Kompromiß schließen
- sich zu sehr auf andere Leute verlassen
- das Aufgeben einer Sache auch als Erleichterung empfinden
- sich bei einer Arbeit mehr auf ihren Zweck als auf sie selbst konzentrieren

B

Tendenztafel
Die Dinge mit Biß vorantreiben

Günstig ist, wenn Sie . . .

öfters mal „auf dem Zahnfleisch" gehen

das Wort „Problem" aus dem Gedächtnis streichen

Mißerfolg wegstecken können

Belastung als sportlichen Reiz empfinden

Unangenehmes zuerst anpacken

schlechte Nerven haben, eine Arbeit liegenzulassen

unzufrieden mit der eigenen Leistung sind, gleich, wie gut sie war

hohe Leistungsansprüche an sich selbst haben

Bremsern das Fürchten lehren

Aggressivität zeigen und aushalten können

auch mit solchen Menschen gut zusammenarbeiten können, die einem persönlich nicht liegen

unabhängig von Lob sind

alles immer mit vollem Engagement tun

sich selbst „heiß" machen können

Entfaltung suchen durch das Erlebnis, etwas zu bewirken

Mut zum Risiko haben

Element 4
Kreative Steuerung

Steuerung heißt, mit klarer Zielvorstellung und realistischer Strategie auf die wechselnden inneren und äußeren Bedingungen zu reagieren. Sie wird immer an den Wendepunkten erforderlich, wenn Probleme oder Möglichkeiten auftauchen.

Konzentrierter Lebensstil bedeutet ja, daß man sich selbst und das, was man tut, unter Kontrolle hat. Dabei handelt es sich weniger um ein absolutes Ziel als um eine ständige, viel Bereitschaft und Phantasie erfordernde Bemühung.

Mit dem Umfang und der Güte der Dinge, die man kontrollieren kann, und der Qualität, wie man sie verarbeitet, verbessert sich das Ergebnis. Da gleichzeitig die Anforderung an die Konzentration steigt, sozusagen bis ins Unermeßliche, bricht die Kapazität irgendwann ab.

10 Testfragen zur Einstimmung

Frage 1

Lieben Sie es, bei einer schwierigen Aufgabe mit einem Satz hineinzuspringen?
Oder liegt Ihnen mehr der coole Start?

A Der impulsive Start ○
B Der coole Start ○

Frage 2

Ist es so wichtig, immer die bestmögliche Lösung zu finden, wenn man auch mit einer zweitbesten glücklich sein kann?

A Ist nicht so wichtig ○
B Ist sehr wichtig ○

Frage 3

Gehört es zu Ihren Gewohnheiten, sich mal zurückzuziehen und Ideen zu entwickeln, wie man etwas am besten anpackt?

A Nein, ergibt sich nebenbei ○

B Ja ○

Frage 4

Sie müssen sich in einer Diskussion gegen eine falsche Anschuldigung wehren. Die harmlose Tatsache stimmt, nicht aber das Ausmaß. Ihre Konzentration ist gefordert, weil Ihr Gegner das geschickt durcheinanderbringt. Zugeben der Tatsache bedeutet Anerkennung der Anschuldigung, so ist sein Konzept. Wie reagieren Sie, falls Ihr Gegner auf einmal auch eine falsche Tatsache behauptet, was Sie leicht nachweisen können?

A Lasse ihn ausreden ○

B An der falschen Tatsache beweise ich seine Unglaubwürdigkeit, die dann auch das falsche Ausmaß betrifft ○

Frage 5

Planen Sie bei Ihren Vorhaben evtl. „Störfälle" mit ein? Oder würden Sie dadurch an Schwung verlieren?

A Würde den Schwung kosten ○

B Plane ich mit ein ○

Frage 6

Finden Sie, daß Sie sehr flexibel sind?

A Geht so ○

B Ja ○

Frage 7

Fühlen Sie sich wohler, wenn Sie bei Entscheidungen zwischen wenigen klaren Alternativen wählen können oder wenn Sie möglichst viele zur Verfügung haben?

A Wenige klare ○

B Möglichst viele ○

Frage 8

Halten Sie viel von Zetteln und Listen, wo man draufschreibt, was man vorhat?

A Nein ○
B Ja ○

Frage 9

Sie haben sich im Wald verirrt. Es dämmert. Zwei Wege haben Sie zur Auswahl. Beim ersten sind Sie sich etwas sicherer, aber er scheint der weitere zu sein. Beim zweiten sind Sie sich etwas unsicher, aber er scheint der nähere zu sein. Welchen Weg wählen Sie?

A Den ersten ○
B Den zweiten ○

Frage 10

Wann bemerken Sie, daß man Sie zu etwas überreden möchte?

A Viel zu spät ○
B Sehr früh ○

Je mehr B-Antworten, desto günstiger.

Das Briefing – der Kompaß

Um bei einer Aufgabe nicht nur einen Teil, sondern das gesamte Potential der wichtigen – mir zur Verfügung stehenden – Gesichtspunkte verarbeiten zu können, ohne die Orientierung zu verlieren, braucht man einen guten Kompaß. Er soll nicht nur helfen, das Ziel nicht aus dem Auge zu verlieren, er soll auch ein sicheres Gefühl geben. Vor allem muß er einfach zu bedienen sein. Ein solcher Kompaß ist ein sogenanntes Briefing. Darunter wird eine kurze Zusammenstellung der Dinge verstanden, die für eine Aufgabenstellung von Bedeutung sind. Werbeagenturen z. B. erhalten von ihren Kunden ein Briefing, wo das Produkt und seine Konkurrenz beschrieben ist, die voraussichtliche Höhe des Werbeetats, die Marktsituation, die besondere Problemstellung und Aussagen über Ansatzmöglichkeiten. „Sich briefen" ist zu einer Redensart geworden, die eine Kombination darstellt aus: Sich kundig machen, worum es geht, eine Einstellung dazu bekommen und klären, wie an die Sache heranzugehen ist.

Ein Briefing kann in vielen Lebenslagen eine Linie geben und die Konzentration zugunsten der Aufgabe entlasten.

Stellen Sie sich fünf Fragen:

1. Was will ich?

Zuerst ist das Ziel festzuhalten. Worum geht es? Worum handelt es sich? Was schwebt mir vor? Ganz wichtig ist die Aussage darüber, welche Teile des Ziels feststehen und welche noch offen sind. Müssen letztere geklärt werden oder ergibt sich das besser im Laufe eines Projekts? Was wäre ideal? Weiterhin sind die Rahmenbedingungen, die man sich setzt bzw. akzeptiert hat, zu fixieren, z. B. Termin, Aufwand. Am allerwichtigsten: Worauf freue ich mich?

2. Was kann ich?

Wieviel Zeit kann ich aufbringen? Wie steht's mit der Begabung? Wie gut ist die Kompetenz? Habe ich genügend Ausdauer? Wie groß ist Power „lustmäßig"? Wie sieht's mit den nötigen Arbeitsmitteln, finanziellen Mitteln, den Räumlichkeiten aus? Zusammenarbeit mit anderen?

3. Was weiß ich?

Was weiß ich schon über die Aufgabe, Stand meiner Informationen, worüber sollte ich mich noch kundig machen, wo, bei wem? Worauf kommt es an, was sind die wichtigsten Punkte?

4. Was stellt sich mir entgegen?

Welche Probleme stecken in der Aufgabe und behindern mich an der zügigen Durchführung? Welche Widerstände stehen einer idealen Lösung entgegen? Was könnte schlimmstenfalls eintreten? Wie ist darauf zu reagieren? Welche Störfaktoren liegen in mir selbst und in der Umgebung? Gibt es eine Konkurrenz, wie ist sie einzuschätzen?

5. Wie packe ich es an?

Frage 1 bis 4 sind miteinander abzugleichen, so daß ein zwar optimistischer, aber auch realistischer Ansatz entsteht. Was man sich vornimmt, muß machbar sein. Welche Schlußfolgerung ergibt sich für die Vorgehensweise? Liegt eine Lösung auf der Hand, sind Alternativen zu entwickeln? Prüfung mehrerer Lösungen. Was spricht dafür, was spricht dagegen? Entscheidung, so wird's gemacht!

Je nach Aufgabe kann die Checkliste mit einem Gedankenblitz durchgegangen oder näher ausgearbeitet werden.

Vom Ausschnittdenken zum „Radardenken"

Eine Steuerung zum Ziel wird zunächst aufgabenrelevante Kriterien beachten, was eine unvollständige Ausschöpfung der das Ergebnis beeinflussenden Faktoren wäre. Erst gute innere und äußere Bedingungen des Arbeitens und Zusammenarbeitens machen aus einem durchschnittlichen Ergebnis ein besonderes. Hieraus ergibt sich eine Doppelsteuerung: Sachsteuerung und Bedingungssteuerung. Wenn das Optimale aus beiden Bereichen gewonnen wird, kann nichts mehr schiefgehen.

Der Steuerungsfall tritt ein an den Wendepunkten: Man sieht neue Möglichkeiten, Probleme versperren den Weg.

Eine Besprechung sitzt zum Beispiel fest. Statt voranzuschreiten, werden Varianten alter Standpunkte, die man eigentlich verlassen wollte, gebracht. Einige sagen irgendwas, um sich wachzuhalten. Dankbar wird registriert, wie schwache Magnete die große Pappe mit den unbrauchbaren Zahlen nicht an der Blechwand zu halten vermögen, wie die Pappe rutscht und, begleitet von einem Magnetenhagel, zu Boden knallt. Woran liegt's? Im Rahmen einer normalen Steuerung würde eine naheliegende Lösung gesucht und erst mal Kaffee geordert. Dann sieht man weiter. Eine kreative Steuerung würde nach der Erfrischung ein Zwischenthema an die Besprechungsteilnehmer geben:

Was ist los? Warum sind wir blockiert?

Kreativer Ansatz heißt Voranschreiten in mehreren Richtungen, die bewährten und die unmöglich scheinenden eingeschlossen. Dadurch wird der Ausschnitt naheliegender Lösungen erweitert und der Gesamtbereich erschlossen (siehe Abbildung auf Seite 62). „Radardenken" heißt, wie der Ra-

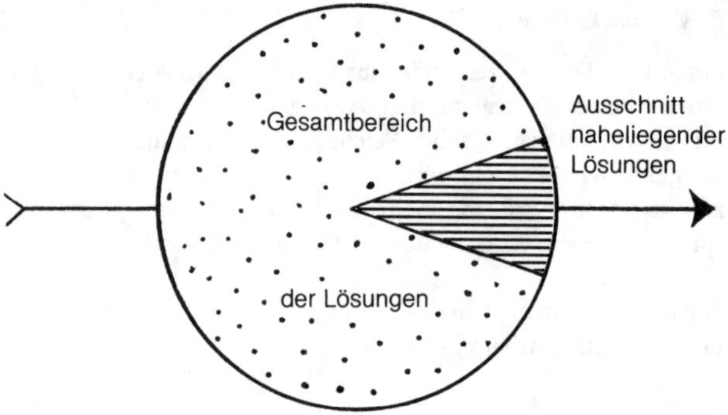

Ausschnittdenken – „Radardenken"

darschirm kreisen und in allen Richtungen suchen. Auch wenn eine Lösung in einer bestimmten Richtung naheliegt, der Radardenker prüft alle und kommt immer zum optimalen Ergebnis.

Der Kompaß, den wir durch ein gutes Briefing im Kopf haben, läßt uns des Kreativitätsforschers Edward de Bonos Aspekte seines lateralen (kreativen) Denkens ohne Angst, in den Urwald zu geraten, anwenden (nach Sikora, 1976):

- ☐ Zweifel an den Voraussetzungen
- ☐ Zerlegung von vorhandenen Denkmustern auf ihre ursprünglichen Bestandteile, um neue Kombinationen bilden zu können
- ☐ Umkehrung (das provokative Gegenteil als Anregung)
- ☐ Analogien (Anknüpfung an Gesichtspunkte, wo unter beliebigen Aspekten Ähnlichkeiten bestehen)
- ☐ Wechsel der Sichtweise
- ☐ Zufall (Offensein für Zufälle)
- ☐ Herausfinden einer Leitidee
- ☐ Entwicklung von Alternativen

Erläutertung zur gegenüberliegenden Abbildung:
Kreative Steuerung: Auf dem Weg vom Start zum Ziel tauchen Probleme und Chancen auf. Das sind die Wendepunkte, wo Entscheidungen über ein Steuerungsmanöver zu fällen sind. Die *kreative* Steuerung berücksichtigt im Gegensatz zur ausschnitthaften alle Alternativen (= „Radardenken"). Das Ergebnis ist optimal. Der sonst zu befürchtende Orientierungsverlust wird durch die starke Einstellung auf das Ziel (= Briefing) verhindert.

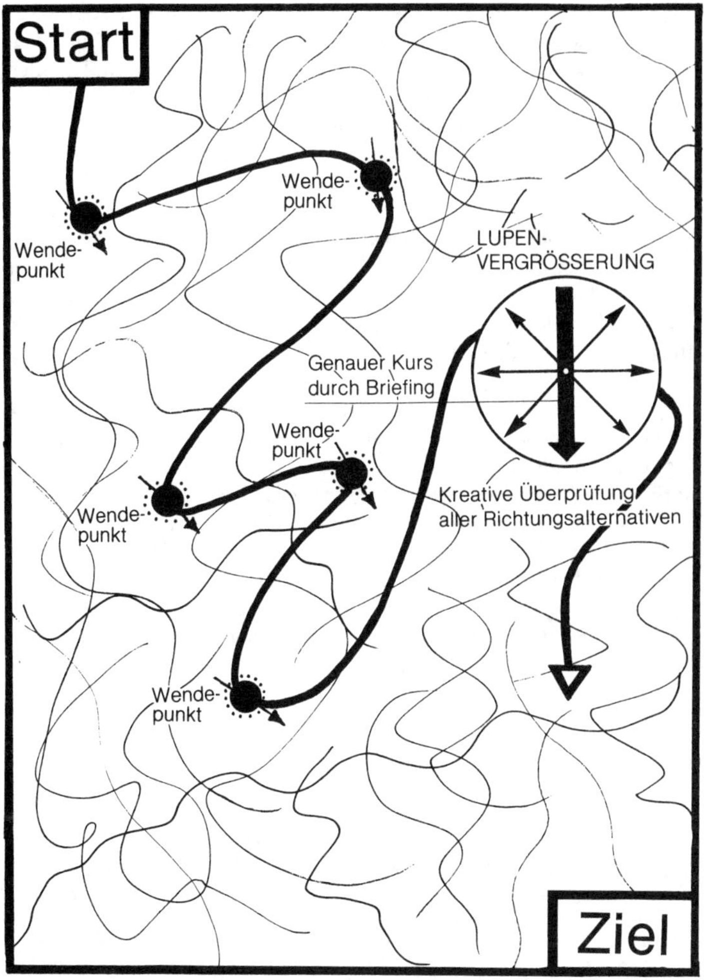
Start
Wende-
punkt
Wende-
punkt
LUPEN-
VERGRÖSSERUNG
Genauer Kurs
durch Briefing
Wende-
punkt
Wende-
punkt
Kreative Überprüfung
aller Richtungsalternativen
Wende-
punkt
Ziel

Um de Bonos Vorschläge für die kreative Steuerung nutzbar zu machen, sollten wir noch etwas auf den geeigneten Bewußtseinszustand eingehen, ohne den man nicht über naheliegende Lösungen hinauskommt. Die allerdings oft ausreichen und richtig sind. Die Barriere oder die Möglichkeit, die den Steuerungsfall erforderlich machen, muß wirklich erkannt werden. Was man als nicht änderbar ansieht, ist kein Problem mehr. (Ein Gedanke, der seinen Reiz hat.) Man muß sich innerlich zurücklehnen und eine Distanzierung erreichen. Die klar bewußte Haltung ist ein wenig „herunterzudimmen". Dadurch erscheinen Grenzen nicht mehr so festgefügt. Man kann beliebiger mit den Dingen umgehen. Ein Wechsel zwischen ruhigem Kreisenlassen und Hochschaukeln, Anrennen empfiehlt sich. Wir haben es nicht mit der gelösten, seinsorientierten Kreativität zu tun, bei der es nicht auf eine Leistung ankommt, sondern mit der Kreativität, bei der das Ergebnis zählt.

Immer an Wendepunkten ist es nützlich, sich über das Prinzip der kognitiven Dissonanz (nach dem Psychologen *Festinger, 1978*) im klaren zu sein. Der gerne im Gras liegende und in die Gegend blinzelnde Organismus (s. Einführung) bevorzugt nämlich Informationen, die seine bisherigen Ansichten bestätigen (die nicht falsch sein müssen), wertet Leute und Quellen als unglaubwürdig ab, die ihm nicht passen, und wenn das nicht möglich ist, dreht er an den Informationen, z. B. durch eine Interpretation in seinem Sinne, oder er erklärt zum Kern der Sache, was mit seinen Vorstellungen übereinstimmt. Hilft gar nichts, stellt er sich schwerhörig.

Tendenztafeln

Um kreative Steuerung im konzentrierten Lebensstil zu etablieren, sind auf den folgenden Tafeln Beispiele von Verhaltenstendenzen zusammengestellt.

A

Tendenztafel
Kreative Steuerung

Ungünstig ist, wenn Sie...

- Angst vor komplizierten Zusammenhängen haben
- zu lange brauchen, um den Kern einer Sache zu erkennen
- nicht auf Ihre geistige Fitneß achten
- Träume und Ziele verwechseln
- sich von Menschen von erstens, zweitens, drittens beeindrucken lassen
- zögern, einen falschen Weg sofort zu verlassen
- auf einmal sich ergebende Möglichkeiten zu lange prüfen
- ungeduldig sind, wo Geduld erforderlich wäre
- Ihre Stärken und Schwächen nicht einkalkulieren
- es vermeiden, gelegentlich Dinge miteinander in Verbindung zu bringen, die nichts miteinander zu tun haben
- sich zu wenig informieren
- froh sind, alles einigermaßen hinzubekommen
- die Anstrengung, die eine Aufgabe macht, nicht richtig einschätzen
- sich leicht von etwas abbringen lassen
- nur bei Ihrer Meinung bleiben, um etwas Eigenes zu haben

B

Tendenztafel
Kreative Steuerung

Günstig ist, wenn Sie . . .

- sich vor Übernahme einer Aufgabe eine Vorstellung machen, wie Sie sie angehen
- unabhängig von Ihren eigenen Ansichten sind, ohne sie zu vergessen
- Ihre Möglichkeiten realistisch einplanen
- keine Angst vor vorübergehender Unbestimmtheit haben
- jederzeit auf plötzliche Veränderungen eingestellt sind
- die einfachste Lösung nicht mit der erstbesten gleichsetzen
- etwas in Frage stellen können, ohne das Ziel aus den Augen zu verlieren
- Ablenkungen vorsorglich außer Sicht- und Hörweite bringen
- nicht nur das Ziel im Auge haben, sondern den Weg dahin
- wissen, wie Sie sich im schlimmstmöglichen Fall verhalten werden
- gerne Ideen entwickeln
- sich immer gut informieren
- es nicht lächerlich finden, für geistige Fitneß zu sorgen
- sich daran gewöhnen, umfangreiche Zusammenhänge zu erfassen
- sich wohler fühlen, je mehr Lösungen zur Auswahl stehen

Element 5
Entspannung/Faulenzen, Ausgleich

Wer sich konzentrieren will, muß sich entspannen können. Die Entspannung ist die wichtigste Voraussetzung, der ruhende Pol, die Quelle der Kraft. Hohe Konzentration bedeutet hohen Energieverbrauch. Man muß ausgeruht sein und sich wohl fühlen. Der Geist muß klar, die Stimmung gut sein.

Viele Entspannungstechniken bieten sich an, meist in Form komplexer Lehren. Wenn Sie sich eine davon zu eigen gemacht haben, sollten Sie bei ihr bleiben. Wenn nicht, wie wäre es mit der natürlichsten, ältesten und schönsten Form der Entspannung: dem Faulenzen?

Diese vergessene Kunst ist für den konzentrierten Lebensstil ein Muß.

Ausgleich ist etwas anderes. Konzentriertes Tun bringt Verzichte mit sich, die nach ihrem Recht verlangen. Der Spruch „Saure Wochen, frohe Feste" drückt das aus. Eng gebündelte Aufmerksamkeit verlangt nach Austoben, auch in Form von Sport.

Harmonie ist der zweite wichtige Ausgleichsbereich.

10 Testfragen zur Einstimmung

Frage 1

Könnten Sie auf einer Wiese liegen und stundenlang die vorbeiziehenden Wolken beobachten?

A Da hätte ich nervliche Probleme ○

B Könnte ich ○

Frage 2

Können Sie gut abschalten?

A Kommt darauf an ○

B Kein Problem ○

Frage 3

Würden Sie hier gerne mal mitmachen?

A Nein ○

B Ja ○

Frage 4

Sie sind zu einem Essen eingeladen und kennen niemanden. Sitzen Sie lieber neben jemandem, mit dem Sie die Gemeinsamkeit eines ähnlichen Berufs haben, oder bevorzugen Sie jemanden aus einer Ihnen fremden Lebenswelt?

A Lieber ähnlich ○

B Lieber fremd ○

Frage 5

Können Sie zur Entspannung nur so dasitzen?

A Fällt mir schwer ○

B Kann ich ○

Frage 6

Feiern Sie gerne Feste?

A Nicht mehr und nicht weniger als andere ○

B Das kann man wohl sagen ○

Frage 7

Verstehen Sie es, sich einmal einen richtig gemütlichen Abend zu machen?

A Ist mir zu langweilig ◯

B Ja ◯

Frage 8

Hätten Sie Spaß daran, einmal wieder einen Baum hinaufzuklettern bis oben in die Krone?

A Reizt mich nicht ◯

B Würde mir Spaß machen ◯

Frage 9

Wie wirken auf Sie folgende Worte: Glück, Harmonie, Überschaubarkeit, Idylle, jeder kennt jeden, man ist sich gut, Geborgenheit?

A Zum Mäusemelken ◯

B Braucht man ◯

Frage 10

Was halten Sie von einer Ziege in Ihrem Garten?

A Naja ◯

B Toll ◯

Je mehr B-Antworten, desto günstiger.

Faulenzen

Faulenzen hat viele Gemeinsamkeiten mit dem Konzentrieren. Es ist notwendig, sich ganz darauf einzustellen. Man hat ebenfalls eine Aufgabe, nämlich die Situation zu genießen, was bei den eher asketischen anderen Entspannungstechniken wie z. B. Yoga oder Autogenes Training nicht angelegt ist. Und wie beim Konzentrieren ist sehr darauf zu achten, daß man nicht gestört wird. Ablenkungen – von verlockender Arbeit – sind fernzuhalten.

Faulenzen heißt nicht nur, alle Viere von sich zu strecken. Es gibt unendlich viele Formen, die vom Duseln, Schlendern, In-der-Wiese-Liegen bis hin zur geistigen Faulheit reichen. Wir werden eine kleine Übersicht geben.

Faulenzen – Freiräume schaffen

Wer dem genußvollen Entspannen nähertreten will, wird bald feststellen, daß weder die Zeit noch der geeignete Platz zu finden sind. Beginnen wir mit der Zeit. Wieder, wie bei der Konzentration, muß man erst auf etwas anderes verzichten. Bei den kleinen Dingen fängt es an. Ein Beispiel, wie Sie die erste halbe Stunde angehen sollten. Es ist Samstag. Sie haben eine Zeitung abonniert. Ein Berg von Papier liegt auf dem Tisch. Der Berg sagt: „Lies mich, du muß dich informieren, du mußt Bescheid wissen. Du mußt dich unterhalten. Du hast bezahlt." Sie müssen nichts. Geben Sie die dicke Samstagszeitung dem Papierkorb. Und nun sitzen Sie einfach so da, senken ein wenig die Lider und genießen die herrliche freie Zeit.

Schon schwieriger ist der Ort. Lassen Sie sich von den Lebensgewohnheiten der Tiere überzeugen, daß Sie einen speziellen Faulenzerplatz haben sollten. Viele Säugetiere haben in ihrem Revier Plätze mit bestimmten Funktionen, die sie nur hierfür benutzen: die Badestelle, die Freßstelle, die Vorratsstelle, verschiedene Schlafplätze, den Wachhügel und die sogenannte Komfortstelle (nach dem Verhaltensforscher *K. Immelmann*). Sie ist aber auch der Ort des Lagerns, Gähnens, Rekelns oder Suhlens, der Platz zum Faulenzen. Eine Sonderausstattung ist der Scheuerbaum. Die Komfortstelle dient auch der persönlichen Pflege. Wo geschlafen wird, wird nicht gefaulenzt, das ist etwas anderes. Haben wir nicht das Sofa? Es hat seine frühere Bestimmung verloren. Heute ist es ein Kommunikationsplatz: Fernsehen, Gäste usw. Selbst wenn alles ausgeschaltet ist und man von niemandem gestört wird, weiß man doch, daß es hier aufgeregt zugeht.

Die Lösung ist ein Platz, irgendwo ein Sessel oder eine Couch, der für nichts anderes verwendet wird als eben zum Faulenzen. Nicht für die Arbeit, nicht für das Schlafen, nicht für die Unterhaltung, nicht für das Essen. Kommt man in seine Nähe, versagen einem schon die Beine. Vielleicht kennen Sie einen Weg oder ein Stück Straße, die zum Trödeln einlädt.

Duseln

Das alte, niederdeutsche Wort Dusel meint Halbschlaf, nicht ganz klar sein, träumen. Dunst gehört zur Wortfamilie. Der Beduselte hat einen in der Krone. Der Dusselige vergaß, das Licht auszumachen. Einen Dusel hat man, wenn einem unerwartetes Glück widerfährt.

In unserem Zusammenhang: Wegtreten und doch da sein, das ist Duseln. Das Vergnügen, mal labbrig sein zu dürfen, schwingt mit. Dösen ist bestimmter. Öffentliche Verkehrsmittel eignen sich gut, schon ist die Zeit genutzt. Mitfahrer im Auto haben die Gelegenheit. In Wartezimmern läßt es sich gut duseln, falls man nichts Besonderes hat. Und wenn es im Lokal ewig dauert, bis die Bestellung kommt: Nicht ärgern, duseln.

Stieren

Eine weiterführende Art ist das „Stieren". Hirn entspannen, glasiger Blick, Kopfhaltung nicht mehr verändern, einrasten. Während beim Duseln die Kopfhaltung gelöst ist und das Haupt schon mal hin und her schwankt, geht es hier denkmalmäßig zu. Fixieren Sie einen Punkt, und schalten Sie die Scharfeinstellung ab. Denken Sie an nichts.

Flezen, sich hinflezen

Der Körper befindet sich fast liegend auf einem Stuhl, Sessel oder Sofa. Das Hinterteil ist nach vorne gerutscht. Der Rücken hängt tief in der Lehne. Die Beine sind weit nach vorne ausgestreckt. Die Arme hängen schlaff an den Seiten bzw. über die Lehnen herunter. Es ist der Faulenzer-Sitz. Das Wort stammt von Flöz oder Flez, die waagrechte Gesteinsschicht beim Bergbau. Sich hineinflezen bedeutet sozusagen, sich waagrecht machen. Eine gute Kombination ist Flezen und Duseln. Dösen und Stieren passen weniger dazu. Ein besonderer Genuß ist hellwaches Flezen, wie Eis mit heißen Himbeeren.

Dösen

Die Meister des Dösens sind die Löwen. Wie sie sich träge-genußvoll in der Sonne rekeln oder in stolzer Sitzposition die Augenlider leicht bewegen, dazu die rundum zufriedene Mimik, davon kann man lernen. Auch die Katzen verstehen sich darauf.

Wärme gehört dazu, damit der Halbschlaf gelingt. Wie sehr die Möglichkeit des Faulenzens im Alltag fehlt, ist an den sommerlichen Völkerbewegungen hin zu den Stränden zu erkennen. Es ist einem viel wert, zwei bis drei Wochen auf durchwärmtem, weichen Sand zu liegen und in der Sonne vor sich hinzudösen. Dann muß man wieder ein Jahr warten. Nicht das Braunwerden ist das Interessante, wie wir in einer Untersuchung feststellten, es ist das Dösen. Eindeutig: Sie brauchen einen festen Platz zum Faulenzen übers ganze Jahr.

Schlendern

Schlendern ist Flezen im Gehen. Die Urbedeutung lautet: Faulenzen, sich herumtreiben. Nachbarwörter sind Schlendrian, Schlamperei. Man kann also sagen, Schlendern ist schlampiges Spaziergengehen. Die Beine wirft man locker vor sich weg, mehr nach rechts und links als geradeaus. Die allgemeine Richtung ist nicht so genau. Beim Schlendern eilt es nicht. Deswegen muß man mit den Armen nicht rudern. Bequem verschränkt man sie hinter dem Rücken. Daran erkennt man den Schlenderer. Der übrigens ständig in die Runde blickt, um einen Schmaus für die Augen zu entdecken.

Das wanstige Liegen

Für ein Ferienmodell („Die Grünen Dörfer") hatten wir eine Grafikerin beauftragt, eine Reihe von Illustrationen anzufertigen. Wir wünschten uns u. a. eine Zeichnung von Urlaubern, die auf einer Wiese faulenzen. Die Grafikerin erklärte uns, daß sie lange überlegt habe, wie sie Faulenzen und nicht Lagern zum Ausdruck bringen könnte. Was ist das Typische der liegenden Faulheit? Für sie war es die Erlösung, die man seinem sonst arg zusammengehaltenen „Wanst" geben muß. Die beiden Faulenzer genießen es offensichtlich und ungeniert, sich nicht von ihrer vorteilhaftesten Seite zeigen zu dürfen. Was sie genießen, ist das wanstige Liegen. Dazu nimmt man das Dösen.

Das wanstige Liegen

Muße in der Natur

Suchen Sie einen Ort in der Natur auf, an dem Sie sich wohl fühlen, z. B. an einem Bach oder im Wald. Bleiben Sie dort viele Stunden, nicht zum Ruhen, nicht zum Dösen, sondern um in Verbindung zu treten. Allmählich nehmen Sie teil an der Szenerie, sehen Tiere, die Formen der Pflanzen, der Wind bewegt sie. Im Laufe der Stunden verändern sich das Licht und die Tageszeit, Sie sehen wieder anderes.

So schön das Wandern ist, Anhalten und Verweilen widerspricht ihm, nur Rasten oder mal einen Ausblick haben ist möglich. Im Rahmen einer

Studie für das bayerische Wirtschaftsministerium, 1988, stellten wir Testpersonen die Frage, was man anders erlebt, wenn man in der Natur längere Zeit verweilt.

Aus den Antworten eine kleine Auswahl:

> Alle Sinnesorgane können sich auf die Umgebung einstellen, Blätter rauschen, Vögel singen, Gräser bewegen sich, Duft der Gräser, man erfreut sich am Gekreuche der Insekten, Hasen zusehen, im See die Fische beobachten, man erlebt die Natur viel intensiver, weil man selbst in Ruhe ist, man hat mehr Muße zu beobachten, es ist weniger strapaziös, wenn ich länger bleibe, weil sich das Auge auch an die Umwelt gewöhnen muß, beim Wandern muß ich auf den Weg achten und bin abgelenkt, man kann sich besser entspannen, Natur ist Entspannung, Abschalten vom Alltag und vom Geschäft, das Summen und Rascheln beruhigt mich, in der Stille der Natur tankt man viel Kraft fürs Leben, interessant ist der Wechsel eines Bildes zu verschiedenen Tageszeiten und Wetterlagen, Nebel, Sonne, man entdeckt am gleichen Platz jeden Tag etwas Neues

Das Nickerchen

Die Fähigkeit, an jedem beliebigen Ort ein 2- bis 10-Minuten-Schläfchen einzulegen, gilt als das „Geheimnis der ganz Großen" (*Esquire, 1987*). Durch „Nicken" erneuern Sie Ihre Konzentrationskraft dann, wenn es nötig ist. Manche können es mit offenen Augen. Danach ist man wieder topfit. Es lohnt sich, sich das „Nicken" durch Versuche anzueignen. Das Nickerchen hat nichts zu tun mit dem Mittagsschlaf, der ein richtiger Schlaf ist. Zwar schläft man beim „Nicken" auch, aber im Grenzbereich zum Dösen. Veränderungen der Umgebung werden wahrgenommen. Teilweise hört man wie aus der Ferne mit, was gesprochen wird.

Geistige Faulheit

Man läßt sich geistig etwas absinken, denkt langsam, versteht vieles nicht mehr. Vielleicht gehen Sie in einen Film, der Ihnen sonst zu einfach wäre. In sich selbst zurückkehrende Wettergespräche wirken entspannend, z. B.: „So ein Wetter – gestern schien die Sonne – heute regnet es – wo es doch gestern schön war..." Sie müssen nicht immer klug und witzig sein. Gönnen Sie es sich mal, zu „verdoofen".

Ausgleich

Ein unausgeglichener Mensch kann sich schlecht konzentrieren. Deshalb gehört es zum konzentrierten Lebensstil, für Ausgeglichenheit zu sorgen. Nicht zuletzt, weil konzentrierte Arbeit wegen der notwendigen „Einseitigkeit" selber Unausgeglichenheit produziert. Das Aufschiebenkönnen von Bedürfnissen ist ja der Schlüssel zur Konzentration. Wir haben es also mit Dingen zu tun, die fehlen. Was es ist, hängt von der Persönlichkeit ab, den Lebensumständen, der Tätigkeit. Deshalb wollen wir uns auf Weniges beschränken.

Mitmenschliche Kommunikation

Da konzentrierte Arbeit Abschirmung gegenüber den störenden Einflüssen durch andere Menschen erforderlich macht, befindet man sich oft in einsamen Situationen. Daher sind Gespräche, Geselligkeit sehr wichtig. Wegen dem Ernst, der mit Konzentration verbunden ist, möchte man mal ausgelassen sein, z. B. Feste feiern. Der Wunsch, sich mal zu entlasten, zusammen mit der Fähigkeit, etwas auf den Punkt zu bringen, hat zur Folge, daß sich unter guten Konzentrierern auch gute Unterhalter finden. Ebenso gerne hören sie zu und können sich ausschütten vor Lachen. Wegen des rauhen Windes draußen muß es in Partnerschaft und Familie besonders stimmen. Wir erfuhren in unserer Untersuchung, daß Unstimmigkeiten mit Nahestehenden die Konzentration stark beeinträchtigen.

Sich austoben

Wer eine Tätigkeit mit wenig Bewegung ausübt, sollte etwas unternehmen. Sport bietet sich an, z. B. Squash, Tennis, Laufen, Reiten, Fahrradfahren, Skifahren, Wanderungen oder Tanzen, Herumziehen. Das berühmte Holzhacken der Prominenten ist zu erwähnen.

Ein Abenteuer ohne Anreise ist die Regen- und Sturmsafari. Das sind Touren im Regen, zu denen oft Gelegenheit besteht. Sagen Sie nicht nein. Lesen Sie erst, was Sie erwartet:

> Plötzlich lärmt Wind in den Zweigen. Erste Regentropfen. Die dunklen Nimbostratus-Wolken jagen heran. Manche haben einen lila Schimmer, andere gehen ins Schwarz-Bräunliche. Sie sind schnell, riesig und an den Seiten ausgefranst. Überholmanöver finden statt,

schon schüttet es Wassermassen. Den dramatischen Auftakt eines „Unwetters“ darf man nie versäumen. Auch Feinheiten gibt es zu beachten, wie zum Beispiel die Böen mit den Winkeln der Regenstriche spielen. Bei 90 Grad kommt der Gedanke, ob vier Beine nicht doch einen besseren Halt gäben. Während der Unverständige an Büschen und Bäumen vorbeihastet und nichts sieht, erscheint dem Liebhaber ein grünes Ballett. Da schnellen Zweige durch die Luft, Wipfel schwingen, stehen auf einmal still. Es trommelt, pladdert, gurgelt, rauscht (aus „Regen zum Frühstück“, R. Schober, SZ 1987).

Aufbau

Es gibt räumliche Situationen, die aufbauend wirken. Da faßt etwas zusammen, festigt ohne Aufdringlichkeit. Der Blick aufs Meer oder Säulen haben diese Wirkung. Ebenso ergeht es einem in dieser Allee.

Was man hier denkt, kommt ins Lot

A

Tendenztafel
Entspannung / Faulenzen, Ausgleich

Ungünstig ist, wenn Sie . . .

- nichts mit sich anzufangen wissen
- nie aus sich herausgehen
- keinen Ort haben, wo Sie sich mal in aller Gemütlichkeit zurückziehen können
- selbst auf dem Weg zu einer Erledigung angespannt sind
- die Natur nur bei gutem Wetter lieben
- Nichtstun für langweilig halten
- das Problem unterschätzen, ungestört faulenzen zu können
- sich zu wenig Bewegung verschaffen.
- nicht mal „loslassen" wollen
- ein gleichmäßiges Leben ohne Höhepunkte führen
- Müdigkeit nur mit Kaffee bekämpfen
- Harmonie für kitschig halten
- immer fragen, ob etwas auch Spaß macht
- für Ihre Freizeit einen Terminkalender brauchen
- Feste meiden

B

Tendenztafel
Entspannung/Faulenzen, Ausgleich

Günstig ist, wenn Sie...

- sich in Belastungszeiten nicht genieren, am Schreibtisch ein Nickerchen abzuhalten
- auch mal albern sein können
- nicht jede Stunde mit etwas ausfüllen wollen
- Umgang mit Tieren haben
- eine Beziehung zur Natur haben
- einen Baum lange betrachten können
- Sinn für Gemütlichkeit haben
- Wartesituationen zum Faulenzen verwenden
- sich gelegentlich mit etwas Erhabenem konfrontieren, z. B. Berge, Kunstdenkmäler
- gerne mit Menschen zusammen sind
- Faulenzen für eine Kunst halten
- in Ihrer Wohnung einen Platz haben, wo Sie sich „sauwohl" fühlen
- Ihre Freizeit nicht durchorganisieren
- Sport treiben, der Sie ins Schwitzen bringt
- eine gute Partnerbeziehung haben
- jederzeit in Halbschlaf versinken können
- öfters mal richtig lachen

Element 6
Freudepunkte

Glanzlichter des Alltags könnte man sie nennen. Auf dem Weg zur Arbeit freut man sich vielleicht jeden Tag über den Bernhardiner an der Ecke, der einen schon schwanzwedelnd begrüßt. Ein gutes Parfüm ist ein Freude-

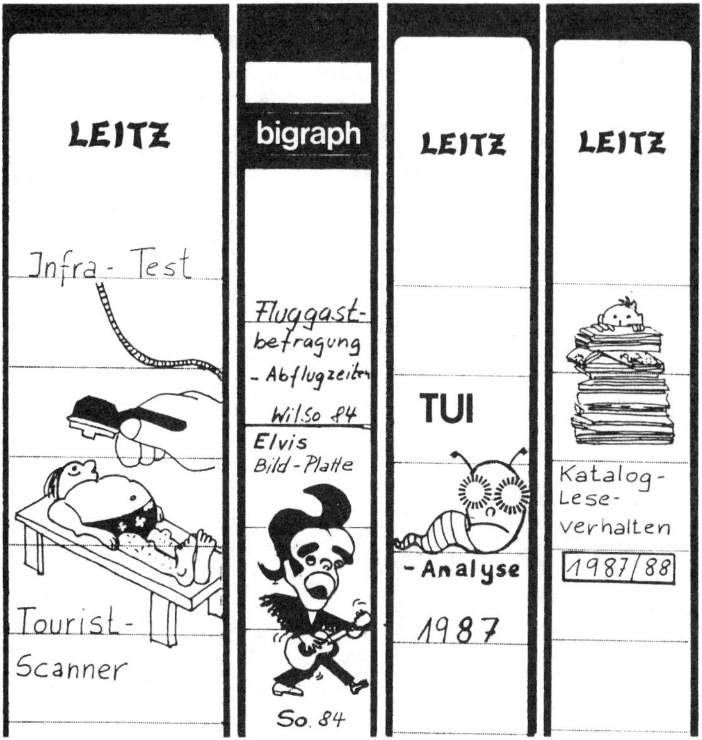

Freudepunkte im Regal (Vorlage: F. Schmieder)

punkt. Der Autotyp, den man sich gegen alle Vernunft doch gekauft hat, bleibt unvernünftig, aber er ist ein Glanzlicht. Ein neuer Kugelschreiber in ungewöhnlichem Design fährt ganz anders über das Papier. Die Kioskfrau, die so gute Sprüche draufhat, ist noch nach Stunden präsent. Der Umweg lohnt sich. Etwas Schönes zum Anziehen, keine Frage. Ein Rendezvous, Treffen mit Freunden, ein verrücktes Lokal heben die Stimmung. Das kann auch ein seltsamer Gedanke sein, der einem durch den Kopf schießt.

Ein Ausflug mit Wanderung, Besichtigung und Einkehren im Wirtshaus kann das Huhn nicht aufwiegen, das durch das offengelassene Autofenster gestiegen war und auf dem Rücksitz ein Ei gelegt hat. Noch Monate wird davon die Rede sein.

Akten sind in Büros alles andere als Freudepunkte. Daß sich das ändern läßt, zeigen diese originellen Rückdeckel. Sie befinden sich im Büro eines Marktforschers, der die schwarzen Akten durch die Illustration ein wenig attraktiver machen konnte. Man hätte viel mehr Lust, sie zu lesen. Der rechte Aktenrückdeckel betrifft übrigens eine Untersuchung des Verfassers.

Konditionstraining

Aufbau der geistigen Kondition durch Anstrengung

Konzentration ist nicht nur eine Sache des Kopfes (Konzentrationstechnik) oder des Bauches (Motivation), sie ist auch eine Sache der Kraft, der Kondition. Hochmotivierte, technisch hervorragende Fußballer würden ziemlich hilflos dastehen, wenn sie keine Kondition hätten. Die Ergebnisse unserer Studie und die weiteren Erkundungen ließen uns immer wieder auf den Faktor Kondition stoßen, und daß sie durch Training gesteigert werden kann. Wer nach einer Zeit mäßiger Anstrengung auf einmal gefordert ist, kennt die Verzweiflung über die Unmöglichkeit, sich zu konzentrieren. Wir wissen von untrainierten Studenten, die sich in der Prüfungsvorbereitungszeit nicht länger als eine Stunde am Tag konzentrieren konnten. Durch die massive Belastung tritt ein allmählicher Trainingseffekt ein. Nach und nach geht es. 14 Tage später ist schon ein Effekt zu erkennen. Um wirklich konditionsstark zu werden, ist wohl ein halbes Jahr zu veranschlagen.

Jedes Projekt mit hoher Anforderung bringt einen Konditionszuwachs für das nächste, sofern es – nach einer kurzen Erholungszeit – anschließt.

Die Konditionsübungen sind Belastungsübungen. Der Organismus soll angestrengt werden. Es gibt sehr viele bestimmte Belastungen, die die Konzentration ins Wanken bringen: z. B. Monotonie und „Trockenheit"; Erfordernis von Geduld, die Spannweite und das System einer Aufgabe, die zu erfassen ist, die Länge einer Arbeit (Ausdauer), mangelnde Widerstandskraft gegenüber Ablenkungen (es gibt jedoch nicht nur den konditionellen Aspekt), vorschnelle Müdigkeit; Ungeduld bei zeitweiliger Einsamkeit und Stille, Probleme der Genauigkeitsenergie. Hierauf sind die nachfolgenden Aufgaben abgestimmt. Sie verstehen sich als Trainingsanstoß in der „richtigen Richtung". Mit den angewandten Inhalten ist weiterzutrainieren.

Die psychische Vitalkraft, um die es hier geht, ist zu untermauern durch die körperliche Fitneß. Wegen des erhöhten Sauerstoffbedarfs des Gehirns bei Konzentrationsleistungen empfehlen sich besonders Aktivitäten in der Natur. Ausreichender Schlaf, gesunde Ernährung, darüber braucht man nicht zu reden.

① *Konditionsübung Eule*

Sehen Sie sich bitte die Eule an, so lange, bis Sie unruhig werden und etwas anderes tun möchten. Ab dem Zeitpunkt sehen Sie sich die Eule noch einmal drei Minuten an. Wiederholen Sie den Vorgang in Abständen von drei Minuten.

(2) *Konditionsübung Uhrzeiger*

Konzentrieren Sie sich auf die Zeiger Ihrer Uhr. Verfolgen Sie das Vorrücken. Für jeden Zeiger ist eine Extra-Übung zusammengestellt und für eine Kombination. Sie können sich auch Ihren eigenen Aufbau überlegen. Wenn die Intensität der Beobachtung zu steigern ist, ist damit ein gleichmäßig über die Strecke zu verteilender Anstieg gemeint. Zum Schluß geben Sie alles.
Die Geduldsübung zur Überbrückung von Nervosität läßt sich überall durchführen, z. B. immer dort, wo man auf wen oder was warten muß.

1) Sekundenzeiger

- 3 × 1 Minute Zeiger beobachten, 30 Sek. Pause
- 2 × wie oben mit Steigerung – und ausschwingen

2) Großer Zeiger

- 5 Minuten Zeiger beobachten, 1 Minute Pause
- 10 Minuten Zeiger beobachten, 1 Minute Pause
- 15 Minuten Zeiger beobachten mit Steigerung – und ausschwingen

3) Kleiner Zeiger

- halbe Strecke zwischen zwei Zahlen, 5 Minuten Pause
- ganze Strecke zwischen 2 Zahlen, im letzten Viertel steigern – und ausschwingen

4) Große Kombination

- 1 Minute kleiner Zeiger normal, ohne Pause weiter, die nächste Minute steigern – und 15 Sekunden ausschwingen
- 10 Minuten großer Zeiger, die letzten zwei Minuten steigern – und ausschwingen, 2 Minuten Pause
- 1 Minute mit höchster Steigerung beginnen, allmählich abfallen lassen, keine Pause
- halbe Strecke zwischen 2 Zahlen kleinen Zeiger mittlere Kraft, 2 Minuten Pause
- 5 Minuten großer Zeiger, volle Kraft von Anfang bis Ende – und ausschwingen, 2 Minuten Pause
- 1 Minute kleiner Zeiger mit geringer Kraft

③ *Konditionsübung Krimi*

Konzentrieren Sie sich auf diese Szene: Ein Palast in Venedig, im Vordergrund eine offene Toreinfahrt, durch die ein Kanal führt, eine Gondel. Da stimmt etwas nicht. Denken Sie sich mit den wenigen Anhaltspunkten einen Krimi aus. Titel: „Der Mörder kam mit der Gondel".

④ *Konditionsübung Seelenlandschaften*

Stellen Sie sich die Art, wie jemand ist, seine Gefühle usw. als Seelenlandschaft vor. Versuchen Sie, aus den 16 Seelenlandschaften das Wesentliche zu erkennen. Welcher Mensch könnte dahinterstehen? Es ist nicht ganz leicht, von abstrakten Formen und Mustern solche Aussagen abzuleiten, aber Leichtes trainiert nicht. Notieren Sie zu jeder Seelenlandschaft, welche Ihnen bekannte Menschen oder Menschentypen dazu passen. Weitere Übungsideen: Zuordnung von Farben, Musik, Erlebnissen.

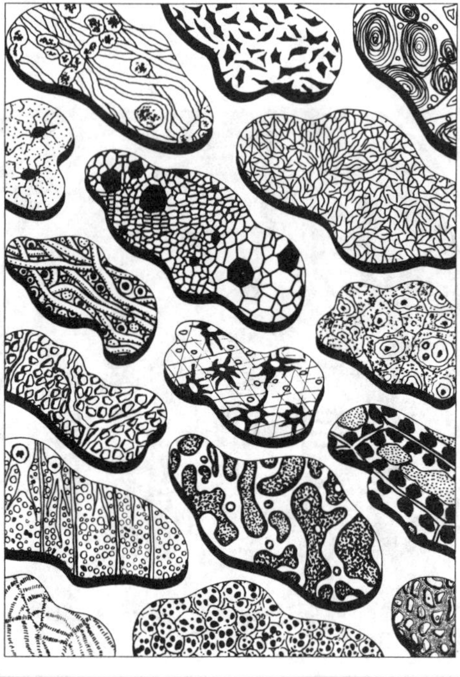

⑤ *Konditionsübung Immer schneller*

Erfassen Sie mit den Augen jede einzelne Zahl, und fahren Sie den Kreis herum. Werden Sie allmählich schneller, aber berühren Sie jede Zahl einzeln. Werden Sie immer schneller, so schnell, bis es Ihnen nicht mehr gelingt, einzelne Zahlen zu fixieren.
Beginnen Sie nach einer Pause von neuem.

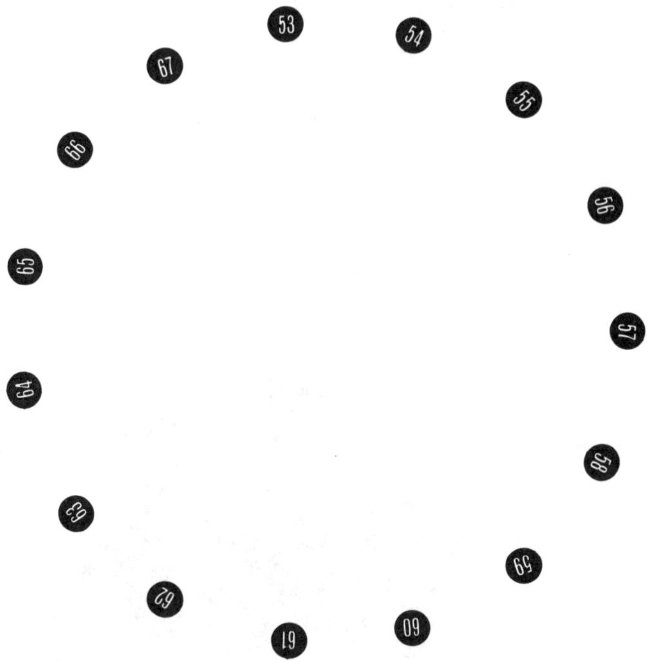

6 *Konditionsübung Donnerstag Tempotag*

Erklären Sie einen Tag in der Woche zum Tempotag, z. B. den Donnerstag. Was immer Sie tun, tun Sie es 20 % schneller. Aber: Bleiben Sie gelassen, seien Sie besonders gründlich.

(7) *Konditionsübung Ameisenhaufen*

Besuchen Sie in Ihrer Nähe einen Ameisenhaufen. Nehmen Sie sich einen Campingstuhl mit. Zwei Stunden sollten Sie dem Ameisenhaufen widmen. Zuerst wird Ihnen außer einem unübersichtlichen „Gewimmel" nichts auffallen. Behalten Sie die Nerven. Verfolgen Sie den Weg einzelner Ameisen. Welche Aufgaben lassen sich unterscheiden? Lesen Sie vorher kein Ameisenbuch.
Vor dem zweiten Besuch beim gleichen Ameisenstaat sollten Sie sich informiert haben. Nun werden Sie tiefer in das System einsteigen.
Vielleicht werden Sie nach ein paar „Staatsbesuchen" ein Ameisenfreund. Klar ist, es wird nicht gestochert.

Foto: Toni Angermayer

(8) *Konditionsübung Baumscheiben*

Welche der zerkleinerten Baumscheiben ist ursprünglich A, B oder C? Achtung: Ein Teil stammt von einer nicht dazu passenden Baumscheibe und ein zusätzliches gehört zu einer, die nicht auf der Tafel ist. (Auflösung auf der letzten Tafel der Konditionsübungen)

A

1

2

B

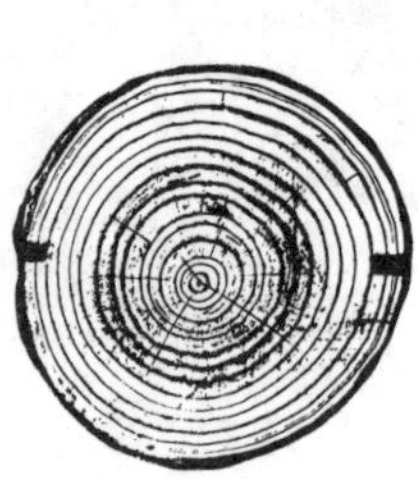

C

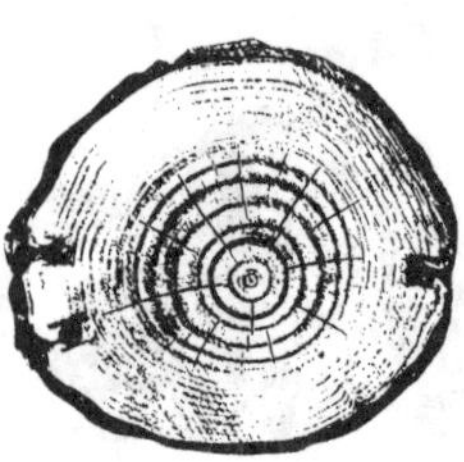

3

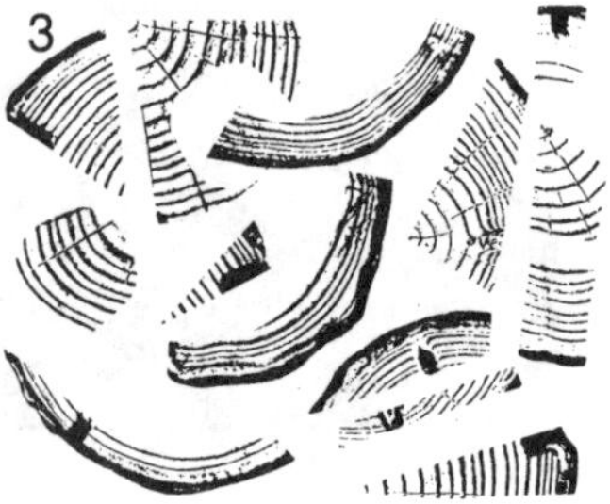

9 *Konditionsübung Knäuel*

Von jeder Zahl aus führen Linien zu anderen Zahlen oder zu den gleichen wieder zurück. Wohin führen die Zahlen 1–6?
(Auflösung auf der letzten Seite der Konditionsübungen)

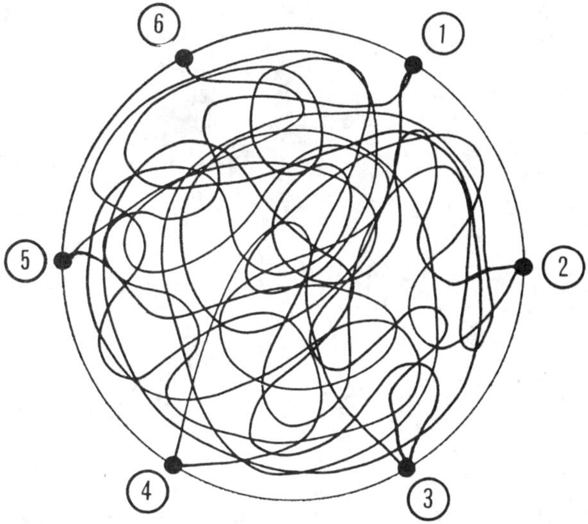

10 *Konditionsübung Flirrende Wellen*

Das ist sicher die anstrengendste Konditionsübung: Zählen Sie ab dem Pfeil die Linien des Wellenbergs. Kehren Sie oben auf dem nächsten Wellenberg zurück, und fahren Sie auf dem dritten wieder nach oben. Nur mit den Augen zählen! Wiederholen Sie die Übung. Stimmen die Zahlen überein? Fast ausgeschlossen ist es, auch die Linien der dazwischenliegenden Wellentäler mitzuzählen. Probieren Sie es?
Nehmen Sie sich die Konditionsübung „Flirrende Wellen" öfters vor. Es kommt darauf an, immer länger die Konzentration halten zu können.

11 *Konditionsübung Briefmarke*

Kleben Sie sich eine Briefmarke auf die Stirn. Tun Sie alles wie normal, Einkaufen, mit Leuten sprechen, zu einem Konzert gehen. Lassen Sie sich durch nichts ablenken, bleiben Sie ernst. Konzentrieren Sie sich auf das, was Sie gerade machen.
Sie können auch dahin gehen, wo Sie keiner kennt. Sollten Sie nämlich Freunde treffen, dürften Sie „vertragsgemäß“ um nichts in der Welt die Briefmarke erklären.

(12) *Konditionsübung Badefahrrad*

Baden und Fahrradfahren wollte der Erfinder miteinander verbinden. Woran liegt es, daß nichts daraus wurde? Wo liegt der Fehler? Verbessern Sie das Gerät, damit wir bald im Wasser Fahrrad fahren können. (Und melden Sie das Patent schnell an.)

13 *Konditionsübung Tagesschau*

Schalten Sie nach der Tagesschau öfters mal den Fernseher ab. Versuchen Sie, sich in allen Einzelheiten daran zu erinnern, was gesagt und gezeigt worden war.

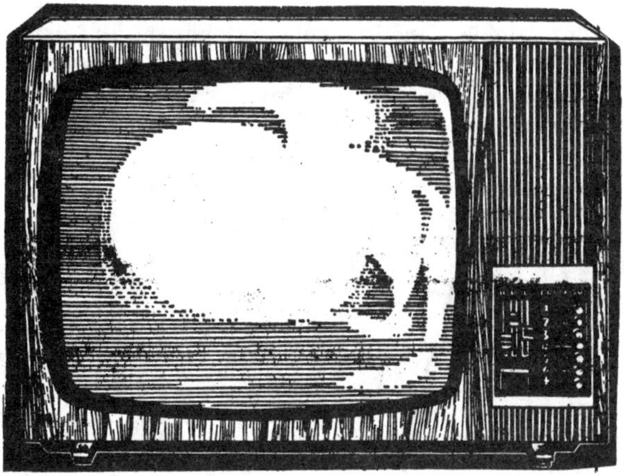

14 *Konditionsübung Sich aufraffen*

Hier stärken wir die Konzentrationskraft, indem wir uns zu etwas aufraffen, ohne Lust dazu zu haben.
Tragen Sie in Korb 1 die unangenehmsten Aufgaben ein, die Sie schon immer erledigen wollten, z. B. ein bestimmtes Telefonat, Aufräumen, etwas durchführen. In Korb 2 füllen Sie die zweitunangenehmsten Aufgaben usw. bis Korb 5. Wenn es z. B. beim Fernsehen besonders spannend ist, würfeln Sie. Eine 1 bedeutet: Sie müssen sich aufraffen und eine Aufgabe aus Korb 1 erledigen. Der „Aufraff-Würfel" zeigt eine Drei: Sie wählen eine Aufgabe aus Korb 3. Eine Sechs? Sie haben Glück und brauchen nichts zu machen.
Das ist ein Spiel mit Partner, Familie, aber auch allein. Mit Bleistift schreiben, Erledigtes ausradieren, Neues hinein.
Kein Würfel im Haus? Besorgen!

Korb 1

Am unangenehmsten

Körbe für unangenehme Dinge

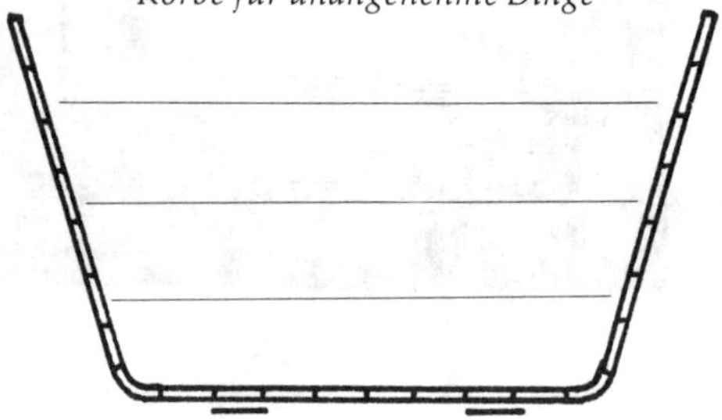

Korb 2

Am zweitunangenehmsten

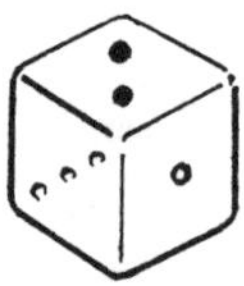

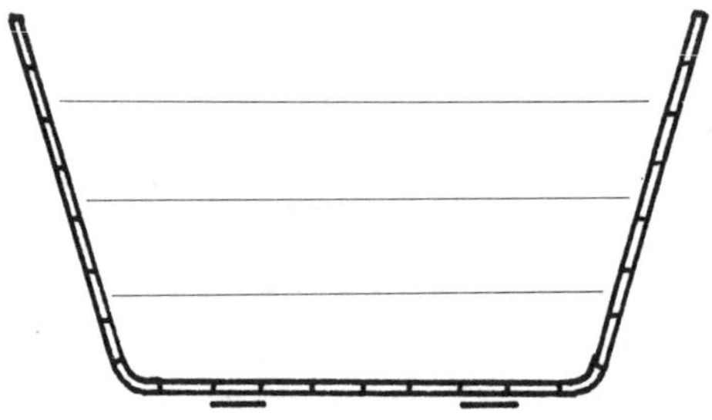

Korb 3 Mittel unangenehm 	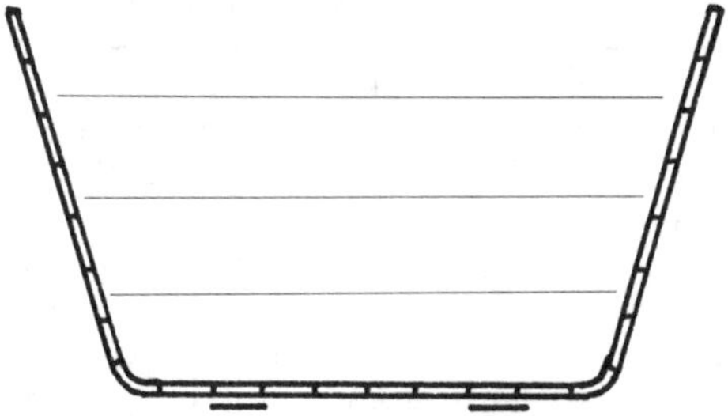
Korb 4 Lästig 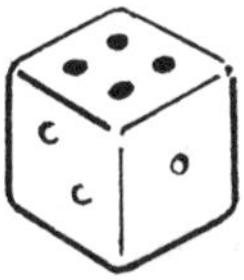	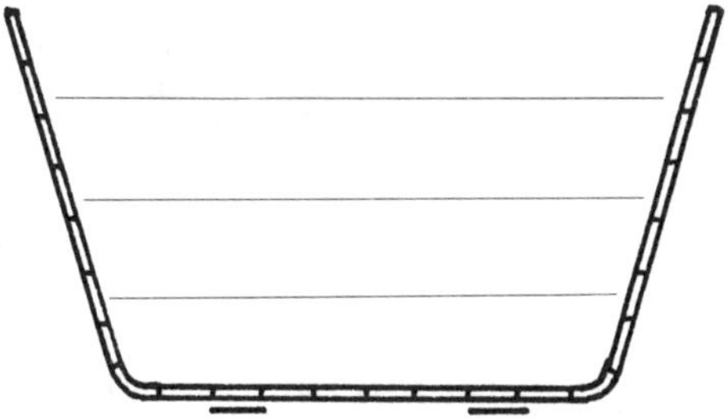
Korb 5 Etwas unangenehm 	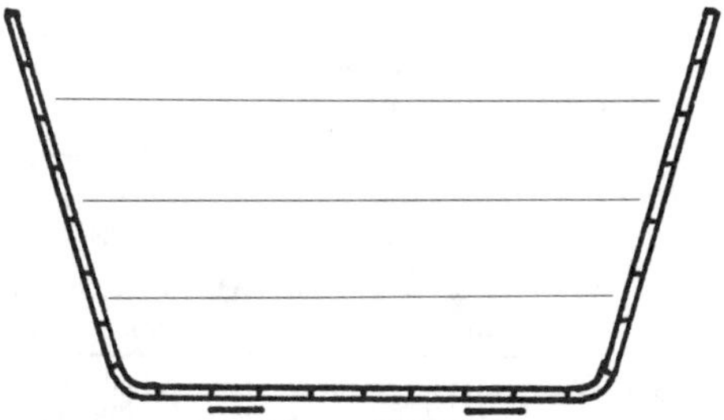

15 *Konditionsübung Lärmabhärtung*

Nicht immer ist es möglich, den ruhigen Platz zu finden, der für die Konzentration erforderlich ist. Widerstandskraft gegenüber Lärm ist nötig. Die Leistung bleibt schlechter als in Ruhe, ist aber höher als ohne Abhärtung.
Lösen Sie die folgenden Aufgaben unter Einwirkung von Lärmquellen wie Verkehr, laufendem Fernseher, Rasenmäher, fetziger Musik, in der Nähe von sprechenden Menschen, tropfenden Wasserhähnen. Härten Sie sich auch durch andere Aufgaben in anderen Lärmsituationen ab, z. B. Gedichtlernen im Hallenbad.

1. Gedankenverbindungen

Was fällt Ihnen zum Wort Sonne ein? Denken Sie an drei Worte. Und was fällt Ihnen zu diesen drei Worten ein? Denken Sie wieder jeweils drei Worte, und führen Sie die Gedankenverbindungen fort, bis Sie die Kontrolle verlieren. Setzen Sie anstelle der Sonne auch andere Ausgangsworte ein. Es geht darum, den Kontrollverlust allmählich hinauszuschieben.

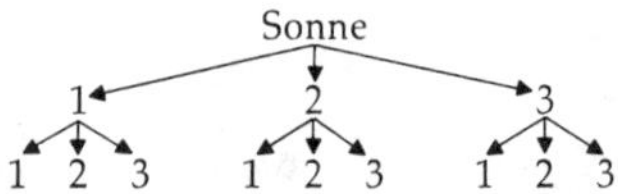

2. Minus 318

Ziehen Sie von der Zahl 9222 im Kopf 318 ab. Vom Ergebnis ziehen Sie wieder 318 ab usw., bis Sie auf Null kommen.

3. Ansteigende Linie

Start ist Eins. Zählen Sie 1 hinzu. Ergebnis ist 2. Mit der 2 geht es weiter, zählen Sie 2 hinzu. Ergebnis ist 4. Mit der 4 geht es weiter. Zählen Sie eins mehr als Sie vorhin addierten hinzu, also 3. Ergebnis ist 7. Mit der 7 geht es weiter. Zählen Sie eins mehr hinzu als Sie vorhin addierten, also 4. Ergebnis ist 11 usw.

$1+1=2$	$7+4=11$
$2+2=4$	$11+5=16$
$4+3=7$	$16+6=22$

Rechnen Sie, so lange es Ihnen möglich ist, kämpfen Sie aber. Überprüfen Sie das Ergebnis mit dem Rechner.

Auflösungen:

Konditionsübung Baumscheiben: 1/B; 2/C; 3/A
Konditionsübung Knäuel: 1/2; 1/2; 2/4;
3/3; 4/1; 5/3; 6/5

Motivation

Entwerfen Sie Ihr eigenes Motivierungsmodell

Motive, Motive

Jeder weiß, daß man sich besser auf eine Aufgabe konzentrieren kann und leistungsfähiger ist, wenn man gut motiviert ist. Das Problem ist nur, daß im normalen Arbeitsalltag stark motivierende Anstöße eher selten sind. Darauf zu warten, wäre ökonomisch nicht sinnvoll, abgesehen von der Abhängigkeit, in die man sich hineinbegibt. Jede noch so interessante berufliche Zielsetzung hat ihre Langeweile-Wüsten. Bei ihrer Durchquerung ist eine Motivationshilfe sehr von Vorteil. In der Wüste vor allem, wo die Orientierung schwierig ist, Trockenheit herrscht und schon mal ein Sandsturm bläst, ist die Konzentration gefordert. Kondition, siehe unser letztes Kapitel, ist eine günstige Voraussetzung, genügt aber nicht. Motivation meint die Intensität, ein Ziel, eine Richtung zu verfolgen.

Auf zwei Dinge kommt es an: 1. möglichst unabhängig motiviert zu sein, d. h. sich selbst zu motivieren und dabei von den persönlichen Möglichkeiten auszugehen, 2. eine Verstärkung geeigneter Motive anzustreben. Eine praktische Übersicht über Beweggründe menschlichen Handelns geben die Psychologen David Krech und Richard S. Crutchfield in ihrem Buch „Grundlagen der Psychologie". Sie unterscheiden zwischen Mangel- und Überflußmotiven. Bei den ersteren soll etwas, was fehlt, besorgt, ausgeglichen, kompensiert werden. Der Mangel muß im wörtlichen Sinn gar nicht mehr existieren, aber das Motiv bleibt bestimmend. Überleben und Sicherheit liegen zugrunde. Eine aufkommende oder bewußt arrangierte Spannung will reduziert werden. Mangelmotive haben eine hohe Dynamik. Sie werden hier als Bedürfnisse bezeichnet.

Als Strebungen bezeichnen Krech und Crutchfield solche Motive, wo Spannung nicht abgebaut, sondern aufgebaut werden soll, die Überflußmotive. Man sucht Anregungen, Reizfelder und Befriedigung.

Motivübersicht (nach Krech und Crutchfield)		
	Mangelmotive Spannungsabbau → Überleben und Sicherheit	*Überflußmotive* Spannungsaufbau → Reizung und Befriedigung
Beziehung zum eigenen Körper	Das Vermeiden von Hunger, Durst, Sauerstoffmangel, Hitze und Kälte, Schmerz, Überfüllung von Blase und Mastdarm, Ermüdung, überdehnte Muskeln, Krankheit und anderer unlustbetonter körperlicher Zustände usw.	Das Erreichen angenehmer sinnlicher Erfahrungen hinsichtlich Geschmack, Geruch, Ton und Klang usw.; sexuelle Lust; körperliche Bequemlichkeit; Muskeltraining, rhythmische Körperbewegung usw.
Beziehung zur Umwelt allgemein	Das Vermeiden von gefährlichen, scheußlichen, häßlichen und ekelerregenden Dingen; das Aussuchen von Gegenständen, die fürs weitere Überleben und die eigene Sicherheit notwendig sind; das Aufrechterhalten einer stabilen, klaren und vorhersagbaren Umwelt usw.	Das Erreichen genußreicher Besitztümer; Konstruieren und Erfinden von Gegenständen; Verstehen der Umwelt; Probleme lösen; Spielen; suchen nach Neuigkeiten und Veränderungen in der Umwelt usw.
Beziehung zu anderen Menschen	Das Vermeiden von zwischenmenschlichem Konflikt und Feindschaft; das Aufrechterhalten von Gruppenzugehörigkeit, Prestige und Ansehen; von anderen umsorgt werden; Anpassen an Gruppenmaßstäbe und Werte; das Erlangen von Macht und Herrschaft über andere Menschen usw.	Das Erreichen von Liebe und positiver Identifizierung mit Menschen und Gruppen; freudiges Zusammensein mit anderen; Hilfe und Verständnis gegenüber anderen Menschen; unabhängig sein usw.
Beziehung zum Ich	Das Vermeiden von Minderwertigkeits- und Mißerfolgsgefühlen, wenn das Ich mit anderen oder mit dem idealen Ich verglichen wird; das Vermeiden eines Identitätsverlusts; das Vermeiden von Gefühlen der Scham, der Schuld, Furcht, Angst, Trauer usw.	Das Erreichen von Gefühlen der Selbstachtung und des Selbstvertrauens; sich ausdrücken; ein Leistungsgefühl haben; sich herausgefordert fühlen; das Setzen moralischer und anderer Werte; das sinnvolle Einordnen des Ich innerhalb des Universums.

Motive haben die Fähigkeit, sich unter bestimmten Bedingungen zu verselbständigen (s. das Gesetz von der funktionellen Autonomie der Motive nach dem Psychologen Gordon William Allport). Ein ganz unbedeutendes Motiv kann von einer Gewohnheit zu einem lebensbegleitenden Motiv werden. In vielen Biographien ist dies anschaulich gezeigt. Was da einklinkt und warum, hängt von persönlichen Konstellationen und Entscheidungen ab. Noch etwas Wichtiges muß hinzukommen: die Motivation zum Handeln. Man kann ein starkes Interesse an einer Sache haben, aber in bezug auf die Realisierung fehlt es an vorwärts orientierten Impulsen bzw. irgend etwas hält zurück. Unser Ansatz wurde beeinflußt vom Konzept der Handlungs- und Lageorientierung nach dem Psychologen Julius Kuhl. Bei der Lageorientierung findet eine zu starke und dadurch hemmende Fixierung auf Planen, Abwägen und auf das Ziel statt, so daß vom Handeln abgelenkt wird, ebenso auf den zu vermeidenden oder erlebten Mißerfolg und auf den erhofften Erfolg. Handlungsorientiertheit kennzeichnet einen Drang nach vorn und Spaß an der Aktivität, eventuelle Störungen werden deshalb weniger beachtet. Man hängt nicht fest, weder an Problemen noch an einem vorausgegangenen Erfolg. Eine gewisse Robustheit ist charakteristisch. (Vgl. Konzentrierter Lebensstil, Tunsorientiertheit gegen Seinsorientiertheit.) Wie so oft schadet es nicht, bei Goethe nachzuschlagen: „Im Leben kommt es bloß aufs Tun an, das Genießen und das Leiden findet sich von selbst."

Strategie

Damit sind wir bei der Art und Weise, wie wir uns „motivationsmäßig" verstärken können. Zu arbeiten ist an drei miteinander zusammenhängenden Bereichen (siehe Schautafel).

Der äußere Ring betrifft die bereits erwähnte Motivation zum Handeln allgemein. Auszubauen ist, was einen treibt, z. B. die Freude, mit Menschen umzugehen, sich mit anderen zu messen, das Abenteuer, ein großer Lebensrahmen, eine bestimmte Idee. Wir nennen das den *Generalaktivator.*

Der mittlere Ring umfaßt Motive, die speziell mit der jeweiligen Aufgabe und ihrer Durchführung zu tun haben. Wie kann man sich selbst unter Druck setzen oder mit Anreizen stimulieren? Darum geht es bei den *Druck- und Zugmotiven.*

Im Zentrum steht die motivierende Kraft des Ziels. Ziel kann vieles sein. Die gute Fertigstellung eines Projektes, die damit verbundenen Vorteile wie

Anerkennung, Zugehörigkeit zu einer höheren Leistungsklasse, Materielles oder der Weg als Ziel wie bei einer Wanderung, auch befriedigende Nebenumstände sind nicht zu unterschätzen, z. B. freie Verfügbarkeit über seine Zeit. Reine Fixierung auf das Ziel würde allerdings von der Konzentration auf die Durchführung der Aufgabe ablenken. Effektiver für die Konzentration ist die mitreißende Ausstrahlung eines Ziels. Setzen Sie noch eins drauf. Das ist das, was mit *Überhöhung des Ziels* gemeint ist.

Generalaktivator + Druck- und Zugmotive + Überhöhung des Ziels bewirken die verbesserte Konzentration.

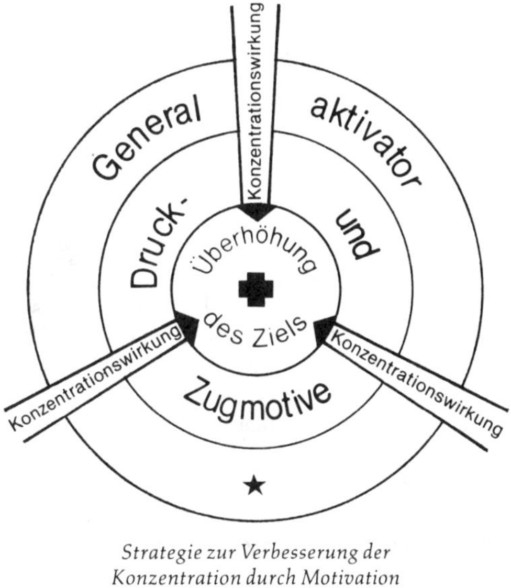

Strategie zur Verbesserung der Konzentration durch Motivation

Schön und gut, wie weiter? Weiter geht's mit dem Vorschlag, daß Sie Schritt für Schritt Ihr eigenes, nur auf Sie zugeschnittenes *Motivierungsmodell* entwickeln. Blättern Sie ein paar Seiten weiter (S. 118). Dort finden Sie das Muster auf sechs Tafeln.

Auf Tafel 1 notieren Sie, was Sie in bezug auf Ihre Arbeitsmotivation für steigerungsfähig halten. Womit sind Sie bei sich unzufrieden? Ärgern Sie sich z. B. darüber, daß Sie sich zuwenig zutrauen! Oder zuviel? Machen Sie immer alles in der letzten Minute? Sind Sie sich zu gut? Neigen Sie zur Flucht, wenn es schwierig wird?

Auf Tafel 2 gehen Sie in die Tiefe. Stellen Sie Ihre Stärken und Ihre Schwächen gegenüber.

Die anschließenden drei Tableaus sind die wichtigsten. Einzutragen sind: Ihr Generalaktivator, Ihre Druck- und Zugmotive und die Überhöhung Ihres Ziels.

Wir werden im einzelnen darstellen, was beim Aufbau des persönlichen Motivierungsmodells wichtig ist und wie man es anwendet. Um ändern zu können, sollten Sie das Modell mit Bleistift ausfüllen. Oder Sie fotokopieren die Seiten, was den zusätzlichen Vorteil hätte, sie nebeneinander kleben zu können und eine Übersicht zu haben.

Ist-Zustand (siehe Tafel 1)

Stellen Sie sich vor, man hätte Ihr Arbeitsverhalten gefilmt, wie bei einem Schulungsseminar. Sie sitzen unter den Zuschauern und sollen sich selbst wie eine fremde Person kritisieren. Achten Sie zunächst auf das konkrete Verhalten: Wie gehen Sie an eine Arbeit heran, was tun Sie bei Schwierigkeiten usw.? Rufen Sie sich Beispiele in Erinnerung. Versuchen Sie nun, vom Verhalten auf dahinterstehende Beweggründe zu schließen. Die Motive sind es, die uns in diesem Kapitel interessieren. Ist ein roter Faden erkennbar? Was ist typisch für Sie, das Sie gerne ändern möchten? Sie wollen ja nicht zu den sogenannten Underachievern (to achieve = erreichen) gehören, die aus bestimmten Gründen zu wenig aus sich machen. Üben Sie Selbstkritik, und notieren Sie das Wichtigste, womit Sie in bezug auf Ihre Arbeitsmotivation nicht zufrieden sind, d. h. was Sie für verbesserungswürdig halten, notieren Sie in die Tafel „Istsituation". Mehrere Zeilen stehen zur Verfügung.

Analyse (siehe Tafel 2)

Setzen Sie sich jetzt etwas näher mit dem auseinander, was Sie für verbesserungswürdig halten. Was läßt sich noch dazu sagen? Wie sind die Umstände, die es dazu kommen lassen? Welche Gründe vermuten Sie bei sich selbst? Das ist der wichtigste Punkt. Überlegen Sie auch, wie Sie eine Verhaltensweise erleben? Weshalb gelang es nicht, etwas zu ändern, was Sie gerne geändert hätten? Notieren Sie auf der Tafel den betreffenden Arbeitsstil und daneben Ihren Kommentar. Um ihn geht es. Wir wollen in erster Linie „Innenaufnahmen" machen. Entscheidend ist wieder, sich selbst realistisch einzuschätzen. Danach treffen Sie die Auswahl der Stichpunkte. Treffen Sie schließlich eine Bewertung, wie stark der Arbeitsstil, den Sie kommentieren, ausgeprägt ist, und zwar von 1 = schwach bis 5 = stark. Sprechen Sie ausschließlich über Erscheinungsformen, die ständig vorhanden sind. Es genügen fünf Punkte.

Nach der Analyse der Schwächen untersuchen Sie ebenso Ihre Stärken.

Um das Resümee zu ziehen, fragen Sie sich erst bei den Schwächen, dann bei den Stärken, ob und welche Gemeinsamkeiten zu erkennen sind. Wo liegt das Hauptgewicht? Die Bewertung der Ausprägung können Sie jetzt gut gebrauchen. Gibt es auch Gemeinsamkeiten zwischen Schwächen und Stärken? Oder ganz unabhängig davon, welcher Gesamteindruck entsteht bei Ihnen? Worauf sollte man setzen? Beim Resümee gilt ebenfalls, daß es auf eine sowohl aussagefähige wie kurze Beschreibung – eine Konzentrationsübung – ankommt.

Der Generalaktivator (siehe Tafel 3)

Vielleicht haben Sie bei der Analyse gemerkt, daß manche Dinge einen Impuls in Ihnen ausgelöst haben, der zum Handeln drängt, sei es in der Richtung „weg von" oder „hin zu". Andere Impulse ließen Sie neutral, die unter Umständen Bekannte von Ihnen aktiviert hätten. Falls Sie noch keinen Generalaktivator besitzen, werden wir uns auf die Suche begeben. Ein Aktivator ist also etwas, das zum Handeln „treibt", und zwar unabhängig von der Art einer Aufgabe. Die Übertragbarkeit dieses Antriebs ist ein wesentliches Kriterium. Den „General" lassen wir noch beiseite. Für die Vorauswahl bedienen Sie sich zuerst Ihres Resümees. Sie wissen, in welchen Umkreis Sie ausschwingen und gegen was Sie anzukämpfen haben. Es ist gut, sich das „einzuspeichern". Nun steht dem „Wünschelruten-Blick" in eine möglichst weite Runde nichts mehr entgegen. Sehen Sie sich ruhig noch einmal die Motivliste ein paar Seiten vorher durch, malen Sie sie sich noch weiter aus. Halten Sie fest, wo die „Wünschelrute" ausschlägt und wie stark. Bewegungsrichtungen sind aktivatorfähig, z. B. „dagegen". Jemand ist aufgrund persönlicher Umstände darauf eingestellt, immer gegen irgend etwas zu Felde zu ziehen. Hat er die Möglichkeit gefunden, produktiv zu sein, kann daraus eine Lebensleistung entstehen, z. B. als Kabarettist. Einer unserer Befragten gab an, daß ihn nur eins treibe: „Es dem Vater zu zeigen". Nehmen wir die Bewegungsrichtung „zusammen". Jemand hat das Bestreben, zu koordinieren, zu vermitteln, den Zusammenhalt einer Gruppe, einer Firma. Er wäre schlecht beraten, das Bestreben nicht zu einer Stärke auszubauen. In der Linie des Aktivators fällt Konzentration leichter als gegen ihn. Der jetzige oder vorgestellte Beruf kann – muß aber nicht – für eine Person Aktivator-Qualitäten haben. Ein peripheres Element ist ebenso imstande, zu Erfolg und Befriedigung zu führen. Aber es ist ideal, Belebung aus dem beruflichen Thema selbst zu beziehen. Entsprechend umlagert sind Berufsfelder, die einen hohen Anregungsgehalt aus sich selbst heraus ermöglichen, was gemäß Angebot und Nachfrage zu den bekannten, ungünstigen Rahmenbedingungen führt.

Vorsicht ist geboten gegenüber Pseudoaktivatoren, pseudo in bezug auf das Passen zum Individuum. Die Folgen können wenig stimmige Handlungsimpulse sein. Dazu eine Geschichte aus einem Unternehmen:

> Der Traum jedes Vorgesetzten ist es, Mitarbeiter, bei denen einige Wünsche offen sind, nicht gleich zu kündigen, sondern durch eine treffsichere Motivierung zu neuen Leistungsträgern, wenn nicht Supermännern zu machen. Der schwäbisch sprechende Geschäftsführer eines süddeutschen Versandhauses sah sich veranlaßt, drei Mitarbeiter der Werbeabteilung, den Chef eingeschlossen, zum Rapport zu bitten. Beklemmt standen die drei Unglücksraben vor dem Schreibtisch. Zu ihrer Überraschung rief der Geschäftsführer ihnen zu: „Ihr seid meine ‚Säule'." In der nächsten halben Stunde wurde begründet, warum gerade sie die drei die Säulen des Betriebs seien. Darum bitte er sie, ihn noch mehr als bisher zu unterstützen. In den folgenden Wochen war die Werbeabteilung wie ausgewechselt. Noch nie wurden so gewinnende Katalogseiten entwickelt. Liegengebliebene Verkaufsförderungsaktionen wurden auf einmal durchgezogen. Bis die drei anfingen, angesichts ihrer Leistungen eine stärkere Stellung im Betrieb zu beanspruchen, insbesondere gegenüber den Einkäufern: „Wir sind die drei Säulen, hat er gesagt." Daran war nicht zu rütteln. Was hat er aber gemeint? Wirklich Säule oder eher Säu'le? Von da an wurde es ruhiger in der Werbeabteilung. Ein Mitarbeiter fand nach längerer Suche eine

Aufgabe in einem Transportunternehmen, der Chef entschloß sich zu einer freiberuflichen Tätigkeit. Vom dritten hat sich die Spur verloren.

Weiterhin sind Eigenschaften, Begabung, Erlebnisse zu nennen. Der Verhaltensforscher Konrad Lorenz wurde einmal gefragt, wie alles anfing. Er berichtete, wie er als Junge Frösche beobachtete, sich dann für Naturwissenschaft interessierte usw. In einem bestimmten Alter ist man angetan von Fröschen, ohne gleich Naturwissenschaftler werden zu wollen. Hier hatte sich, unterstützt von günstigen weiteren Konstellationen, ein unaufhaltsam anwachsender Aktivator herausgebildet. Von Karl Bühler stammt der Begriff der Funktionslust. Fähigkeiten wie Laufen, Sprechen usw. werden aus Lust an ihrer Funktion gerne ausgeübt. Klinkt etwas ein und paßt es, haben wir den „leidenschaftlichen" Sportler, Politiker usw. Menschen an herausragender verantwortlicher Position werden oft nach ihren Beweggründen gefragt. Die Interviewer wollen wissen, ob es die „Macht" sei. Bei einigen Personen trifft das zu. Die meisten aber bestehen durchaus glaubwürdig darauf, daß sie die Möglichkeit in Atem hält, etwas zu gestalten.

Sammeln Sie alles, was Sie als Aktivator anspricht, auf einem einzigen Blatt Papier. Es kann Plakatgröße haben. Sie müssen direkt vergleichen können. Ergänzen Sie Ihre Aufstellung nach und nach. Heben Sie mit Leuchtstift die Dinge hervor, die am besten zu Ihnen passen, eine hohe Antriebsstärke haben und am weitesten übertragbar sind. Das sind die Anwärter für Ihren Generalaktivator. Das Beste ist, Sie erkennen spontan: Das ist er! Es muß nicht für ewig sein. Lebenssituationen ändern sich. Sie werden einen neuen Generalaktivator brauchen. Verwenden Sie etwas Zeit zum Formulieren. Wenn Sie nicht nur Stichworte, sondern eine zusammenhängende Aussage finden, sogar einen Leitspruch, ist die Wirkung am größten. Ein Beispiel ist der Titel dieses Buches: Nichts ist unmöglich mit Konzentration.

Druck- und Zugmotive (siehe Tafel 4)

Andere zu motivieren, ist leichter als sich selbst bei der „Stange" zu halten. Natürlich kann man sich selbst loben oder den Marsch blasen oder sich dieses oder jenes einsuggerieren. Hat man aber einen ausgebufften Organismus zu eigen, wird der nur müde lächeln.

Trotzdem ist einiges möglich, wenn Sie zuerst darüber nachdenken, was auf Sie am besten wirkt, und wenn Sie ein wenig raffiniert sind.

Druckmotive

Warum mit Druck arbeiten? Es ist eine Tatsache, daß Druck Konzentration erzeugt. Als da sind: Termindruck, Zeitdruck, unter Hochdruck stehen, Nachdruck auf etwas legen, jemandem etwas aufs Auge drücken, sich unter Druck setzen lassen, Druck machen. In unserer Basisuntersuchung berichten viele Befragte, daß sie sich unter Druck besonders gut konzentrieren können. Rein physikalisch leuchtet es ein, daß von außen wirkende Kräfte eine Verdichtung bewirken. Im Sinne des konzentrierten Lebensstils kommt es natürlich nicht in Frage, sich unter Druck setzen zu lassen, andererseits wäre es ein Fehler, die mächtigen Druckmotive nicht für die Konzentration zu nutzen.

Kann man sich selbst unter Druck setzen? Sicher nur zu einem Teil. Aber damit läßt sich schon etwas anfangen.

Ein gutes Druckmittel ist die Angst, seine Selbstachtung zu verlieren, wenn z. B. ein Termin nicht eingehalten wird oder eine angestrebte Spitzenleistung nicht gelingt. Man muß sein Leben damit verbinden, „Sein oder Nichtsein". Eine Hilfe sind von Ihnen vorher bestellte Ermahnungen. Die Post hat einen Erinnerungsdienst. Man kann Menschen bitten, dann und wann an dieses oder jenes zu erinnern. Uhren klingeln zu vorher eingestellter Stunde. Das geht auf die Nerven und treibt an.

Viel Dynamik hat die Achse zwischen Bewunderung und Mitleid. Erzählen Sie Menschen, die für Sie wichtig sind, von Ihrem Projekt. Wählen Sie solche Personen aus, die neugierig sind und die Angewohnheit haben, einen auf das, was man Ihnen berichtet hat, immer wieder anzusprechen.

Das sind Ihre „Freunde und Helfer". Begeistern Sie sie damit, was Sie vorhaben. Jedes Treffen bedeutet, daß man von Fortschritten hören will. Schließlich wurde man identifiziert. Deshalb haben Sie ein Recht auf ein paar Blätter am Lorbeerbaum. Wehe, Sie stellen ein Zwischenergebnis verdächtig verschwommen dar. Geht es mal abwärts, verlieren Sie zwar das Ansehen, aber man wird zur Stelle sein. Schlimm, wenn Sie einfach mal keine Lust hatten. Gibt sich der Organismus immer noch mühsam, droht als höchstes das Mitleid. Ehe Sie in der Stufe danach ein netter Niemand werden, reißen Sie sich automatisch zusammen. Die Sache gelingt. Mit beiden Händen verteilen Sie Lorbeerblätter.

In leichterer Form stellen Zwangshandlungen eine Form des Druckes gegen sich selbst dar. Der Perfektionsdrang ist eine solche Zwangshandlung. Man muß sich angewöhnen, nicht zu ruhen und zu rasten, bis nichts besser ausgeführt werden kann. Das genießende Betrachten, während dem man hier und da noch ein wenig nachbessert, ist der ersehnte Höhepunkt. Bis es soweit ist, ist man unruhig und empfindet deutlichen Druck. Für einen Perfektionisten ist es unmöglich, etwas nur halb zu machen. Vor dem Umschlag ins Neurotische wirken aber Zwangshandlungen enorm konzentrierend. In der gleichen Weise läßt sich das Erledigen eines festen Quantums pro Tag installieren. Oder man nimmt sich vor, für ein bestimmtes Problem unbedingt soundso viele Lösungen zu produzieren und das gegen alle Versuche des Herunterhandelns durchzuhalten.

Bei Brainstormings hatten wir gute Erfahrungen damit gemacht, die unwahrscheinlich klingende Zahl von 20 Lösungen durchzukämpfen. Eine Gruppe motiviert sich. Benötigt werden ein Tag und Leute, die in Form sind, um die Alternativen z. B. für eine Werbekampagne zu entwickeln.

> So ein kreativer Tag beginnt am besten um zehn. Die erste halbe bis dreiviertel Stunde ist zähflüssig. Warming up mit ein paar Späßen ist erforderlich. Einer bringt eine farblose Idee. Das ist der Start für die Geländefahrt zu den 20 Lösungen. Auf einem Flip-Chart wird eine große Eins notiert. Nun beginnen die Assoziationen wie Bälle durch die Luft zu fliegen. Mehr als sechs Teilnehmer dürfen es nicht sein. Sonst ist die Konzentration überfordert. Hin und wieder blitzen Ideen heraus. Sie sollten nicht ungeprüft aufgeschrieben werden, sondern gleich durchdiskutiert werden. Wird sie allgemein als tragfähig bewertet, kommt sie auf das Flip-Chart. Trainierte Teammitglieder stört es nicht weiter, wenn eine Idee von ihnen abgewertet wird. Sie bringen die nächste. Die Fähigkeit muß verbreitet sein, sich für die Idee des anderen begeistern zu können. Wir sprechen also von einem gezielten Brainstorming. Wer das Prinzip der 20 Lösungen nicht kennt, ist nach fünf Lösungen schon sehr zufrieden. Warum noch weitermachen? Nach der elften oder zwölften Lösung tritt ein toter Punkt ein, und zwar gegen 16 Uhr. Die Beteiligten können sich nicht vorstellen, daß zu dem Thema noch irgend etwas Brauchbares zu finden ist. Aufbruchsstimmung nistet sich ein. Jetzt muß man dranbleiben und den gut begründeten Argumenten stur die Zahl 20 entgegenhalten. Zwanzig Lösungen würden gebraucht. Resignierendes Kopfschütteln. Aber dann ruckt es doch wieder an, mühsam erst, aber es geht. Gelegentlich werden Tricks versucht, von einer Linie eine Variante abzuspalten, um eine Zahl weiter zu kommen. Und regelmäßig sind die besten Ideen die Nummern 17, 18 und 19. Wir haben Versuche angestellt, über die Zahl 20 hinauszugehen, aber die Qualität läßt deutlich nach. Am Schluß

sind aus den 20 Lösungen die fünf besten zu suchen, um sie graphisch umzusetzen.

Für die kreative Konzentration ist eine frohe, fast alberne Stimmung günstig, für eine kritische Sichtung eine leicht unwillige.

Zugmotive

Darunter verstehen wir die Motive, die zur Bearbeitung einer Aufgabe „hinziehen". Worauf freut man sich? Das Ziel selbst und seine Attraktivierung ist Gegenstand der anschließenden Erörterung. Überschneidungen sollten uns nicht umwerfen.

Beginnen wir mit der motivierenden Kraft der Rahmenbedingungen. Wo man sich nicht wohl fühlt, gelingt einem wenig. Die Konzentration ist schwach. Warum sich nicht selbst belohnen? Wenn Sie mit sich zufrieden sind, seien Sie nicht nur mit sich zufrieden, sondern gönnen Sie sich etwas. Kleinigkeiten sind am besten, zum Beispiel eine neue Kassette, ein Blumenstrauß, eine Tafel Schokolade. Nun gibt es noch das Problem, daß man zwar wie wahnsinnig gekämpft hat, und zwar positiv, aber man sieht noch kein Ergebnis, und bis zum nächsten kleineren Abschluß ist es lange. Dabei wäre es so wichtig, eine Zeit des gut durchgestandenen Kampfes zu belohnen. Jetzt dürfen wir etwas vorschlagen, das nicht auf Ihrem Schreibtisch fehlen sollte: das „Kampfschwein".

Das „Kampfschwein" auf dem Schreibtisch: Belohnen Sie sich, wenn Sie gut gekämpft haben.

Es handelt sich um ein Sparschwein, in das Sie etwas hineinwerfen, wenn Sie gut gekämpft haben. Das „Kampfschwein" sind praktisch Sie selbst. Ein zusätzliches Druckmotiv kommt hinzu, wenn Kollegen das Schwein in der Hand wiegen und sagen: „Na?"

Welches Konzept geben Sie z. B. mit Hilfe von Einstellung und Gestaltung Ihrem Arbeitsraum? Sie könnten ihn als einen Ort auffassen, der Geborgenheit vermittelt, nicht Gefängnis, sondern Heimat. Oder Sie sehen ihn als Bühne, von der aus Sie agieren. Oder es ist eine Turnhalle, in der Sie sich austoben können. Ihr Generalaktivator sollte wiederzufinden sein, z. B. durch ein Bild, das ihn verkörpert. Er kann auch im Design des Mobiliars zum Ausdruck kommen, in der Wahl einer Tapete, sogar in der Wahl der Grünpflanzen. Die Harmonie mit Menschen der näheren Arbeitsumgebung ist ein ganz entscheidender Punkt. Hierum kann man sich kümmern. Die Liste der Rahmenbedingungen, die beeinflußbar sind, ist groß.

Sehr motivierend ist das Erlebnis, wenn sich etwas entwickelt (siehe Kapitel Konzentrationstechnik, Bahnung und Fluß). Lange Strecken ähnlicher Arbeitsinhalte erzeugen trotz des objektiven Fortschreitens das subjektive Erlebnis von Stillstand. Die Neigung, ähnliche Inhalte zu zusammenhängenden Blöcken zusammenzustellen, kommt der Logik entgegen, nicht aber der Natur des Menschen, die sich mit Monotonie schwertut.

Fassen Sie die Arbeitsinhalte als Material auf, aus dem Sie ein Drehbuch machen. Sie werden von selbst auf Kontrast und Wechsel setzen, etwas steigern wollen und in gezielten Abständen kleine Höhepunkte einfügen. Vor allem werden Sie darauf achten, daß vom Anfang bis zum Ende eine erlebbare Entwicklung stattfindet. Und ein guter Schluß muß her. Schreiben Sie erst ein spannendes Arbeits-Drehbuch, bevor Sie zu arbeiten beginnen. Die Arbeitsbereiche als Ganzes, denen Sie sich im Laufe der Zeit widmen, sollten ebenfalls ein Entwicklungselement enthalten, zum Beispiel immer komplexer, anspruchsvoller o. ä. Treibendes Motiv ist die Neugier.

Unbestritten ist die konzentrationsstärkende Wirkung von Erfolgserlebnissen, sofern man auf den aktivierenden Schwung aufspringt und nicht lange genießt. Kein Anreiz geht von einem Erfolg aus, wo Sie unterfordert waren. Das Gefühl, unter den eigenen Möglichkeiten geblieben zu sein, deprimiert. Eigene Erfolgsmotivierung heißt, die Ansprüche so anzusetzen, daß das Ziel gerade zu erreichen ist.

Soweit ein paar Anregungen zu Druck- und Zugmotiven. Ziehen Sie sich jetzt zu einem Brainstorming zurück, und sammeln Sie Motivierungsideen. Die besten schreiben Sie in die Tafel 4 mit der Pfeilspitze.

Befreiung von Mißerfolgsangst

Ein Sonderfall der Zugmotive ist der zu stark erhoffte Erfolg, der in Mißerfolgsangst umschlägt und dann eher den Druckmotiven zuzurechnen ist.

Eine leichte Mißerfolgsangst, z. B. das Lampenfieber, hat durchaus konzentrierende Wirkung, zu große wirkt sich verheerend aus. Wenn Sie das Problem nicht betrifft, gehen Sie weiter zur Überhöhung des Ziels.

Selbstmotivierung setzt ein unbekümmertes Verhältnis zum Mißerfolg voraus. Bernard Shaw schildert eine klare Rechenaufgabe: „Als ich ein junger Mann war, merkte ich, daß von 10 Dingen, die ich tat, 9 fehlschlugen. Ich wollte kein Versager sein und arbeitete deshalb zehnmal soviel." In die ähnliche Richtung geht der bereits erwähnte Spruch, daß Erfolgreiche sich dadurch von weniger Erfolgreichen unterscheiden, daß sie Mißerfolge besser verkraften können. Dem, der unter Mißerfolgsangst leidet, sei gesagt, daß eine gewisse Angst vor einer größeren Hürde normal ist. Die Erregung braucht man sogar, um alle Kräfte zu mobilisieren. Die Gedanken allzusehr auf die Frage Erfolg oder Mißerfolg zu lenken, stellt allerdings eine Ablenkung von der Sache dar. Die Fixierung auf den gefürchteten Mißerfolg ist schließlich „erfolgreich".

Um die Angst zu überwinden, nützt es wenig, sich dies zu sagen. Der Kopf war in Sachen des Gefühls noch nie besonders durchsetzungsfähig. Helfen kann die bewußte Konfrontation mit Mißerfolgssituationen. Man lernt, sich in ihnen zu bewegen. Bis man regelrecht „abgebrüht" ist. Es muß einfach langweilig werden, sich mit einem möglichen Scheitern auseinanderzusetzen. Das heißt nicht, es genau zu kalkulieren. Dreimal täglich ein Mißerfolg, das könnte eine Therapie einleiten. Man muß ihn provozieren. Ein paar Vorschläge:

- ☐ Suchen Sie sich aus dem Kochbuch das schwierigste Gericht heraus. Gelingt es nicht, lachen Sie mit Ihren Freunden. Umgekehrt, um so besser.
- ☐ Schreiben Sie Gedichte? Unbedingt einem größeren Kreis vorlesen.
- ☐ Machen Sie in Ihrem Betrieb einen gut ausgearbeiteten Verbesserungsvorschlag. Wird er abgeschmettert, verbessern Sie ihn noch weiter.
- ☐ Halten Sie auf der Straße Leute an, zeigen Sie ihnen einen Hundertmarkschein, fragen Sie, ob man Ihnen nicht zehn Mark geben könnte, Sie wollten Ihren Hunderter nicht anbrechen.
- ☐ Möchten Sie jemanden kennenlernen, den Sie nur vom Sehen kennen? Ansprechen! Stellen Sie sich innerlich bereits darauf ein, daß Sie einen Korb bekommen könnten und wie es weitergeht.
- ☐ Strecken Sie Ihre Fühler aus nach einer höheren Position als Sie sie jetzt innehaben. Bewerben Sie sich testweise. Fragen kann man ja.

Bald werden Sie bei sich eine Lust am Wagnis feststellen. Sie werden einem Boxer gleichen, der gute „Nehmerqualitäten" hat und sich deshalb gut auf das Boxen konzentrieren kann.

Die zweite Maßnahme wäre die, dem Mangelmotiv Sicherheit Genüge zu tun. Kompetenz aufbauen durch besonders gute Kenntnisse, viel Übung, etwas durchzuziehen usw., das wirkt sehr beruhigend.

Zum gelungenen Umgang mit Mißerfolg gehört auch eine „coole" Schadensbegrenzung. Ist etwas passiert, womit man nicht rechnete, muß das Problem isoliert werden. Der Verstand muß an-, das Gefühl ausgeschaltet werden, bis die Situation wieder im Griff ist.

Das Märchen der Brüder Grimm vom Läuschen und Flöhchen ist eine Parabel dafür, wie man es nicht machen soll. Ein unkonzentrierter Augenblick führt bei Läuschen zu einem kleinen Unfall. Anstatt die Wunde sachgerecht zu verbinden, breitet sich bei Flöhchen und allen anderen Hysterie aus. Der Schaden weitet sich aus. Ein Dominostein fällt auf den anderen. Am Ende ist alles dahin.

Läuschen und Flöhchen – Parabel einer unglücklichen Schadensbegrenzung

Ein Läuschen und ein Flöhchen, die lebten zusammen in einem Haushalte und brauten das Bier in einer Eierschale. Da fiel das Läuschen hinein und verbrannte sich. Darüber fing das Flöhchen an laut zu schreien. Da sprach die kleine Stubentüre: „Was schreist du, Flöhchen?" – „Weil Läuschen sich verbrannt hat." Da fing das Türchen an zu knarren. Da sprach ein Besenchen in der Ecke: „Was knarrst du, Türchen?" – „Soll ich nicht knarren?

Läuschen hat sich verbrannt,
Flöhchen weint."

Da fing das Besenchen an, entsetzlich zu kehren. Da kam ein Wägelchen vorbei und sprach: „Was kehrst du, Besenchen?" – „Soll ich nicht kehren?

Läuschen hat sich verbrannt,
Flöhchen weint, Türchen knarrt."

Da sprach das Wägelchen: „So will ich rennen", und fing an entsetzlich zu rennen. Da sprach das Mistchen, an dem es vorbeirannte: „Was rennst du, Wägelchen?" – „Soll ich nicht rennen?

Läuschen hat sich verbrannt,
Flöhchen weint, Türchen knarrt,
Besenchen kehrt."

Da sprach das Mistchen: „So will ich entsetzlich brennen", und fing an in hellem Feuer zu brennen. Da stand ein Bäumchen neben dem Mistchen, das sprach: „Mistchen, warum brennst du?" – „Soll ich nicht brennen?

Läuschen hat sich verbrannt,
Flöhchen weint, Türchen knarrt,
Besenchen kehrt, Wägelchen rennt."

Da sprach das Bäumchen: „So will ich mich schütteln", und fing an, sich zu schütteln, daß alle seine Blätter abfielen. Das sah ein Mädchen, das mit seinem Wasserkrügelchen herankam, und sprach: „Bäumchen, was schüttelst du dich?" – „Soll ich mich nicht schütteln?

Läuschen hat sich verbrannt,
Flöhchen weint, Türchen knarrt,
Besenchen kehrt, Wägelchen rennt,
Mistchen brennt."

Da sprach das Mädchen: „So will ich mein Wasserkrügelchen zerbrechen", und zerbrach das Wasserkrügelchen. Da sprach das Brünnlein, aus dem das Wasser quoll: „Mädchen, was zerbrichst du dein Wasserkrügelchen?" – „Soll ich mein Wasserkrügelchen nicht zerbrechen?

Läuschen hat sich verbrannt,
Flöhchen weint, Türchen knarrt,
Besenchen kehrt, Wägelchen rennt,
Mistchen brennt, Bäumchen schüttelt sich."

„Ei", sagte das Brünnchen, „so will ich anfangen zu fließen", und fing an entsetzlich zu fließen. Und in dem Wasser ist alles ertrunken, das Mädchen, das Bäumchen, das Mistchen, das Wägelchen, das Besenchen, das Türchen, das Flöhchen, das Läuschen, alles miteinander.

Wissen Sie jetzt, wie Sie sich von der Angst vor Mißerfolg befreien können? Vergessen Sie nicht, daß die Maßnahmen zu Ihnen persönlich passen müssen. Notieren Sie sie unter die Zugmotive unterhalb des Pfeils auf Tafel 4.

Überhöhung des Ziels (siehe Tafel 5)

Halten Sie fest, was Sie an einem bestimmten Projekt bzw. an seinem Ergebnis, an einer speziellen Berufstätigkeit usw. für besonders wichtig halten, bzw., was der Zweck ist. Schreiben Sie das in das Zielband der fünften Motivierungstafel. Die eigentliche Überhöhung kommt in den darüber schwebenden Wolken zum Ausdruck.

Wichtig und interessant, ja, aber was begeistert? Nun werden wir „abheben", je höher die Wolken, desto mehr. Der Architekt eines Freizeitbads z. B. wird bei der Erstellung von Plänen und den Verhandlungen mit der Stadtverwaltung, dem Land, den Betreibern usw. vom Bild des fertigen Bads, Honorar eingeschlossen, motiviert, dem Ziel also. Über weite Strekken wird's langweilig und zäh: Änderungen, Auflagen, Unverständnis für gute Lösungen. Die Konzentration kann sich nun auf den finanziellen Aspekt beschränken (Abwicklung genügt) und in bezug auf den ursprünglichen Anspruch, ein ganz besonderes Bad zu entwickeln, nachlassen. Eine Reihe von aktivierenden Überhöhungen bieten sich in unserem Fall an: Die Besucher, wie sie ins Bad strömen und sich wohl fühlen, man freut sich mit ihnen; die Diskussion des Bads auf einem Fachkongreß, ein Meilenstein in der Bädergeschichte; das Selbstverständnis des Architekten, das Leben in einer Gesellschaft mitzugestalten. Der Marktforscher z. B., der in Erfahrung bringt, wie Menschen in bezug auf ein bestimmtes Angebot denken, fühlen und entscheiden, kann bei der Umsetzung von Untersuchungsergebnissen sowohl sichere wie ungewöhnliche Vorschläge machen. Die Möglichkeit, einem Unternehmen gezielt nach vorne zu helfen, überhöht den Untersuchungsbericht. Immer ist mit der Überhöhung eines Ziels ein gesteigertes Lebensgefühl verbunden.

Nirgends kann man die Technik der Überhöhung besser studieren als in Illustriertenanzeigen.

Ein gutes Beispiel ist diese amüsante Tapetenanzeige. Würde man nur ein schönes Muster zeigen, hieße es: „Ah... ja." Die Fähigkeit der Tapete, eine Atmosphäre zu erzeugen, „beweist" die Unmöglichkeit, sich auf die Akte Müller gegen Müller zu konzentrieren. Der Dreh liegt im Umkehrschluß,

Werbeagentur Michael Conrad und Leo Bernett

daß durch eine Tapete bzw. Tapetenwechsel eine motivierende Arbeitsstimmung herzustellen ist. Sie läßt sich, wie aus dem Text hervorgeht, sogar dosieren.

Andere Beispiele: Der gute Halt eines Ski-Schuhs ermöglicht mehr als ein Freizeiterlebnis, man fährt nicht nur den Skihang hinunter, sondern fliegt über die Alpen; eine Kreditbank vermittelt Geld zum Bauen, sie zeigt nicht Geld, sondern einen romantischen Sommerabend vor dem Haus mit Freunden.

Sie haben auf dem Zieltransparent zwischen den beiden Pfosten bereits Ihr aktuelles oder fernes Ziel eingetragen. Auch der Weg kann ja ein Ziel sein. Überprüfen Sie es noch einmal. Überhöhen Sie es nun. Lassen Sie Ihrer Phantasie freien Lauf. Aber wie hoch Sie auch gehen, das Ziel muß erkennbar bleiben. Füllen Sie die Wolken aus. Fröhliches Überhöhen!

Soll-Zustand (siehe Tafel 6)

Erinnern Sie sich an den Ist-Zustand, wie Sie ihn bestimmt haben. Das heißt, daran, was Ihnen in bezug auf die Fähigkeit, sich selbst zu motivieren, nicht an Ihnen gefällt.

Stellen Sie sich nun den Zustand vor, wenn das Problem zumindest geringer geworden ist. Wie fühlen Sie sich? Sicher wie ein neuer Mensch. Hochmotiviert, wann und wofür Sie es wollen, gehen Sie an die Dinge heran. Die Konzentrationsleistung verbessert sich.

Beschreiben Sie Ihren persönlichen Sollzustand. Wählen Sie ein paar gute Schlagworte oder Sätze. Tragen Sie sie in der letzten Motivierungstafel – Stern mit Pluszeichen – ein. Denken Sie daran, Sollzustand ist im Vergleich zum Wunschbild etwas Konkretes und Machbares.

Motivierungsmodell

1. Ist-Zustand

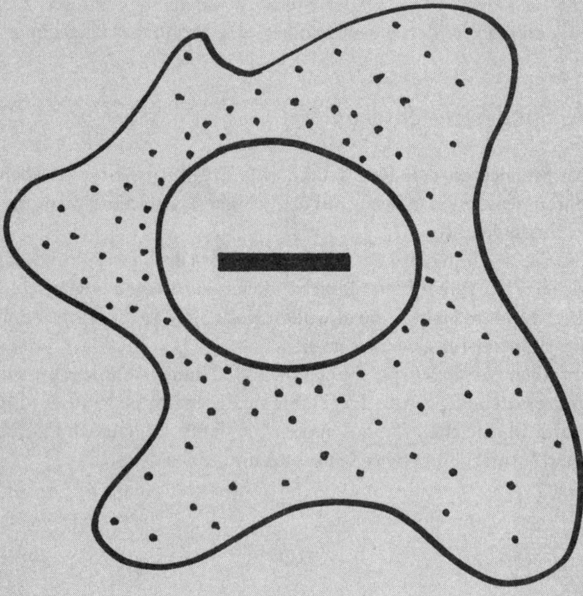

2. Analyse

Schwächen		
Arbeitsstil	Nähere Beschreibung / Gründe / Erlebnisse	Ausprägung [(1–5)]

Stärken		
Arbeitsstil	Nähere Beschreibung / Gründe / Erlebnisse	Ausprägung [(1–5)]

Resumee:

3. Generalaktivator

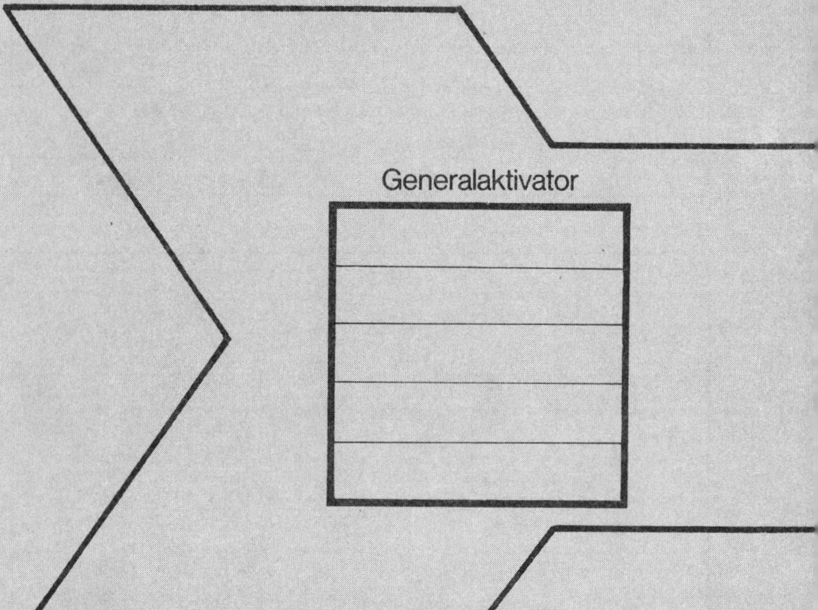

4. Druck- und Zugmotive

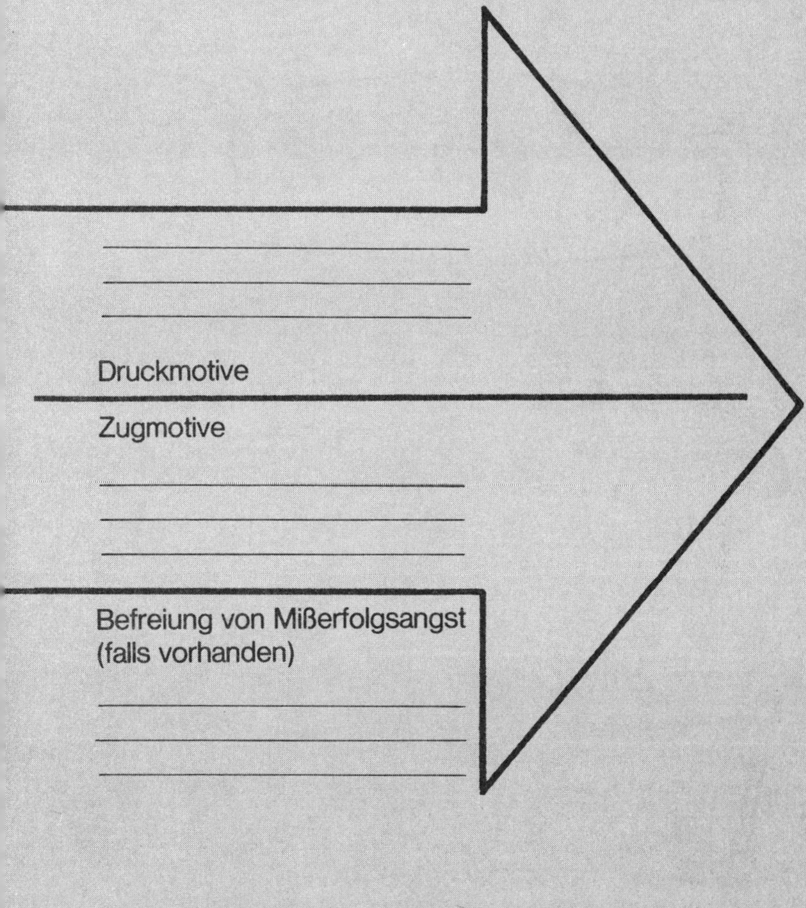

5. Überhöhung des Ziels

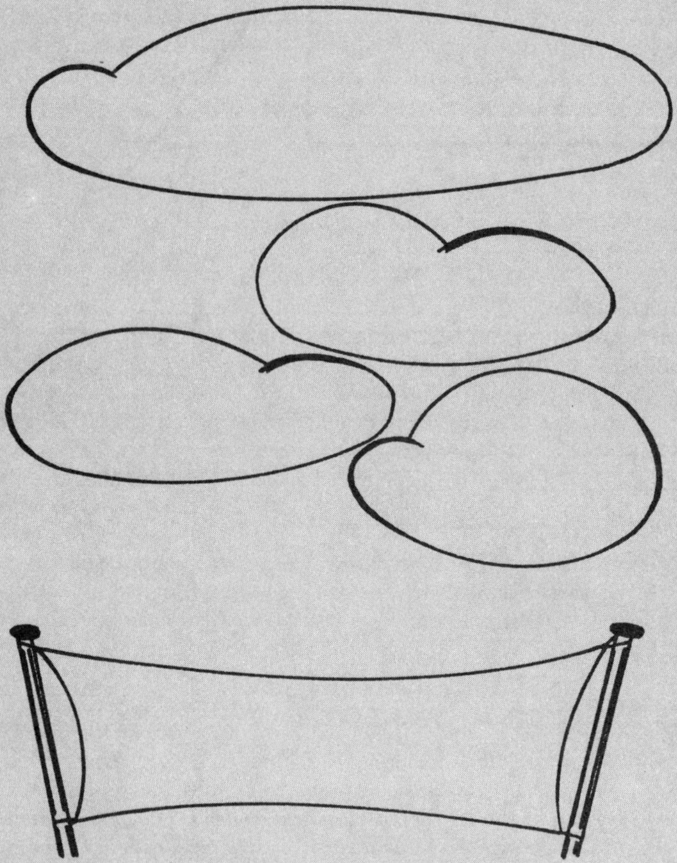

6. Soll-Zustand

Anwendung

Das Motivierungsmodell liegt fertig vor Ihnen. Sehen Sie es kritisch durch. Hängen die einzelnen Teile gut miteinander zusammen? Sind sie aufeinander abgestimmt? Bezieht sich das Modell wirklichkeitsnah genug auf Sie? Sehen Sie Einzelheiten am Schluß anders? Ändern Sie sie. Das werden Sie auch im Laufe der Zeit tun, Sie entwickeln sich weiter. Wenn Sie zufrieden sind, lesen Sie es immer und immer wieder durch. Bis Sie es in sich aufgenommen haben.

Die Anwendung des Modells ist einfach. Sie haben es bereits angewendet. Die starke Auseinandersetzung mit Fragen der Motivation, nicht allgemein, sondern direkt auf Sie bezogen, hat Sie neu eingestellt.

Konzentrationstechnik

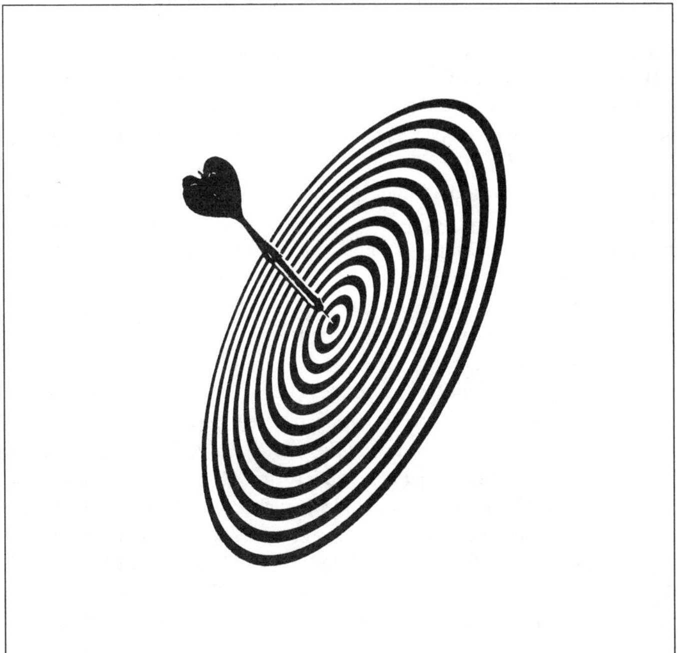

Das Erfassen des Konzentrationsgegenstandes

Bei der Konzentrationstechnik geht es um das Ausrichten der Aufmerksamkeit auf den Konzentrationsgegenstand und um die Kunst, effektiv mit ihm umzugehen. Eine große Rolle spielt das Geschick, mit Begleitumständen zu verfahren. Endlich gehört die richtige Aktivierung von psychischer Energie dazu.

Die leeren 5 Minuten

Aufnahmebereitschaft, innere Leere ist angesagt. Es ist ungünstig, wenn einem vor Beginn der Aufgabe noch tausend Sachen durch den Kopf gehen, die dann mühsam wegzudrücken sind. Auch der Konzentrationsgegenstand sollte nicht vorzeitig hereinbrechen. Zuwendung zu einer Sache bedeutet immer, daß man sich von einer anderen löst. Das gelingt am besten durch die Ausgangsposition der leeren 5 Minuten. Sie können die Augen schließen oder vor sich hinsehen, ohne etwas Bestimmtes zu fixieren. Gut ist es, ein paar Schritte auf- und abzugehen, und zwar in möglichst ungestörter, reizarmer Umgebung. Der Arbeitsraum ist reizarm, weil Sie ihn kennen. Lassen Sie in dieser Zeit niemanden telefonisch oder persönlich hinein. Der Gang um den Block eignet sich gut, eine nichtssagende Straße, der Weg entlang einer Lagerhalle, ein abgelegener Flur, ein leeres oder – wegen der Anonymität – besonders volles Lokal, sofern Sie für sich sitzen können. Oder Sie betrachten einfach eine weiße Wand. Vor Vorträgen, Prüfungen, Besprechungen oder dem Einstieg in ein Aktenstudium, das einem widerstrebt, wirken die leeren 5 Minuten Wunder. Man ist ganz anders „da". Voraussetzung ist, daß sie wirklich zweckfrei verwendet werden. Sie dürfen nicht mit Unterhaltung und Information angefüllt werden, z. B. Zeitung lesen, nicht kleineren Erledigungen und Gesprächen dienen und auch nicht der Entspannung. Überschreiten Sie die 5 Minuten nur, wenn Sie noch nicht soweit sind und spüren, daß die Leerung noch fortschreitet. Hundertprozentig ist sie sowieso nicht zu erreichen, muß sie auch nicht. Zu lange Zeiten bergen die Gefahr, daß der Organismus auf Freizeit umschaltet, zu kurze, daß nichts bewirkt wird. Der Sinn der Leerzeit ist es, daß danach ein sofortiger Start in Hochform möglich ist. Der Zeitpunkt des Absprungs ist gegeben, wenn ein gewisser Sogcharakter entsteht, wenn Langeweile aufkommt, wenn es kribbelt, wenn man es nun wissen möchte. Fällt das Leerdenken am Anfang schwer, kann man sich mit der Formel behelfen: „Ich – bin – ganz – leer“. Sprechen Sie sie langsam, und wiederholen Sie sie nach einer Pause immer wieder. Lassen Sie gedanklich ausschwingen, was Sie vorher beschäftigte, schieben Sie dann aber einen energischen Riegel vor. Verhindern Sie ebenso, daß das Neue in Sie eindringt. Auch hier erst ausschwingen lassen und den Rest stoppen. Die Formel „Ich – bin – ganz – leer“ wird statt dessen den Raum einnehmen. Stellen Sie sich einen leeren Saal mit hohen Fenstern vor. Die Sonne flutet herein. Der Boden ist Parkett. Es riecht nach Holz und frischer Luft. An der gewölbten Decke befindet sich Stuck. Die Atmoshäre des leeren Raums ist heiter, macht froh. Hier möchten Sie sich entfalten. Hier ist Platz für das, was kommt.

Das Zuwenden

Will man sich auf etwas konzentrieren, muß man sich ihm zuwenden. Vielleicht ist man dazu auch motiviert, trotzdem kann die rein technische Zuwendung, also die motivationsunabhängige, nicht gut sein. Die Verbindung Ich–Konzentrationsgegenstand bekommt Risse (Konzentrationsstörungen) und reißt schließlich ab.

Der amerikanische Philosoph und Psychologe William James (1842–1910) spricht sogar von einem Inbesitznehmen: „Jedermann weiß, was Aufmerksamkeit ist. Es handelt sich um das geistige Inbesitznehmen eines von scheinbar mehreren gleichzeitig möglichen Objekten oder Gedankengängen in klarer und lebendiger Form.“

Die Dynamik des aktiven Zuwendens verdeutlicht sich am besten durch den Vergleich mit dem Betrachten.

Ein besonderes Beispiel – verbunden mit einer spielerischen Übung finden Sie auf den nächsten beiden Seiten:

Foto: Karl Lückhardt

Betrachten	*Erfassen*

1. Sehen Sie sich diese Pusteblumenwiese an...

Betrachten

a) Betrachten Sie sie. Lassen Sie die Wiese auf sich wirken. Öffnen Sie sich.

b) Lassen Sie die Wiese noch stärker auf sich wirken. Öffnen Sie sich noch mehr.

c) Versuchen Sie, sich so stark den Eindrücken hinzugeben, daß Sie fast selber zur Pusteblumenwiese werden.

Erfassen

a) Blicken Sie wach und klar auf diese Wiese. Gehen Sie auf sie zu.

b) Steigern Sie Ihre Wachheit beim Blick auf die Wiese. Steigern Sie die Intensität Ihrer Zuwendung.

c) Versuchen Sie Wachheit und Intensität so hoch zu fahren, wie Sie nur können.

Betrachten	*Erfassen*

2. Sehen Sie sich nun die linke Seite der Pusteblumenwiese an . . .

Führen Sie die drei Betrachtungsstufen durch wie oben.

Führen Sie die drei Zuwendungsstufen durch wie oben.

3. Sehen Sie sich nun die rechte Seite der Pusteblumenwiese an . . .

Wie oben

Wie oben

4. Sehen Sie sich nun eine einzelne Pusteblume Ihrer Wahl an . . .

Wie oben

Wie oben

Die Demonstration möchte den optimistischen Aspekt vermitteln, daß ein bewußtes und gewolltes Erfassen des Konzentrationsgegenstands in hohem Maße möglich ist. Das heißt: Wenn man nicht in der richtigen Stimmung ist, ist noch lange nichts verloren.

Ausrichten + Intensität = Erfassen, darum geht es.

Die absichtlich überstarke Erfassung wenden wir jetzt bei dieser Arbeitsaufgabe an:

5. Wieviel Löwenzahnblätter sind auf diesem Bild?

Probieren Sie zuerst aus, welcher Einstellungswinkel am günstigsten ist. Das kann sich auch ändern, wenn Sie etwa eine „verdächtige" Stelle noch ins Auge fassen. Sie werden dort auch mehr Energie mobilisieren, um etwas nachlassend weitere Flächen durchzugehen. Verbeißen Sie sich richtig in die Aufgabe. Kämpfen Sie. Es ist schwer, zwischen den Blättern Löwenzahnblätter zu entdecken. Machen Sie weiter, wenn das zerbröselnde Gefühl Sie übermannt. Ausdauer gewinnt.

Wie viele haben Sie gefunden? Sehen Sie zwanzig? Oder nicht ein einziges trotz der vielen Löwenzahnstengel mit und ohne Pusteblumen?

Die nächste Aufgabe:

6. Was haben Sie gestern alles anderen Menschen gesagt?

Schreiben Sie alles auf, und zwar von morgens bis abends, Wichtiges und Unwichtiges. Es ist gleich, ob es persönlich oder telefonisch, Frage, Feststellung, Antwort oder anderes ist. Notieren Sie links auf der nachfolgenden Tabelle den Adressaten und rechts das, was Sie gesagt haben. (Siehe Tabellenmuster)

Was haben Sie gestern alles anderen Menschen gesagt?

Adressat	*Das habe ich gesagt*

Das Umschalten

Das Ideal einer konzentrierten Arbeit ist eine zurückgezogene Situation, wo man sich einem Thema und nur diesem widmen kann. Und das auf hohem Leistungsniveau, schnell und ausdauernd. Typisch für unsere Zeit ist aber die Dichte der Informationen und des Kommunikationsnetzes. Konzentrierte Arbeit hängt deshalb nicht nur mit der Art des Erfassens und anderem zusammen, sondern auch mit der Fähigkeit des Umschaltens. Zum Beispiel: Von Inhalt A zu Inhalt B, hin zu einer unvermeidlichen Unterbrechung (Telefonat) und wieder zurück, von einem Tagtraum oder einer ausgedehnten Freizeitbetätigung zurück zur Sache, Wechsel zwischen verschiedenen Konzentrationsarten, Umschalten von ausgeprägten emotionalen Tiefs und Hochs auf eine leistungsgünstigere Ebene.

Die wichtigste Umschaltregel ist die, sich weniger auf das zu konzentrieren, von dem man weg möchte, das fixiert nur, sondern auf das, wo man hin möchte, und zwar mitten hinein.

Umschalten von lebendigen Inhalten zu abstrakten ist nicht möglich ohne einen kräftigen Energiestoß, den „inneren Ruck". Je kräftiger geübt, desto leichter fällt er (s. Kap. Konzentrierter Lebensstil). Umgekehrt gibt es nahezu kein Umschaltproblem, im Gegenteil. Deshalb ist alles, was ablenkt, frühzeitig daran zu erkennen, daß es lebendiger, interessanter, emotionaler, anschaulicher, wärmer, weicher oder aufregender ist. Das Problem ist das „Raufschalten". Unterstützend wirkt, wenn der andere Inhalt sich entsprechend anreichern läßt (s. Kap. Motivation), indem etwa die Rahmenbedingungen oder die Thematik selbst erlebnisreicher ausgestaltet werden. Von einer solchen Möglichkeit kann man aber nicht grundsätzlich ausgehen. Umschalten – etwa vom Tagtraum zurück – kann auch weh tun. Es ist verständlich, wenn der Organismus sich gegen den zu erwartenden Schmerz wehrt. Weniger spürt man, indem man sich bewußt darauf einstellt, zum Beispiel die Spritze beim Arzt, und indem man sich durch Gewöhnung abhärtet. Für größere Umschaltvorgänge empfiehlt sich die Einnahme der Ausgangsposition.

Die folgenden Übungen sind als kleine Umschaltgymnastik gedacht, bei der man auch die obigen Hinweise erproben kann. Das Dranbleiben ist also auch eine Funktion des Umschalten-Könnens bzw. des Reagierens auf Veränderungen.

Übung 1: Paralleles Lesen

Das ist eine Übung, die Spannung mit sich bringt, aber nicht so einfach ist. Nehmen Sie zwei inhaltlich völlig verschiedene Bücher, die Sie gern einmal lesen wollen, und legen Sie sie aufgeschlagen nebeneinander. Es kommt auf eine kontrastreiche Kombination an, z. B. Einführung in die Schmetterlingskunde und Krimi, Computer-Handbuch und Entstehung der Mondkrater, Gedichtband und Bullenzüchtung in North Carolina, oder Krimi- und Fachbuch, Roman A und B. Beginnen Sie beim linken Buch mit Seite 1, schlagen Sie um, lesen Sie aber weiter auf Seite 1 im rechten Buch, schlagen Sie um, lesen Sie Seite 2 beim linken Buch, schlagen Sie um, dann Seite 2 des rechten Buches usw. Nach einer Weile ist Ihr Gedächtnis ziemlich gefordert. „Wie war das noch?" Zugleich ist es reizvoll, eine Seite weiter in eine ganz andere Welt eintauchen zu können. Nicht anders wie beim Film, wo ebenfalls parallele Handlungen nebeneinander ablaufen und die Spannung bringen.

Schaffen Sie es, auf diese Art fünf Bücher gleichzeitig zu lesen?

Sollte Sie auch „so" das Parallel-Lesen reizen, ließe sich eine Büchergruppe unter ein gemeinsames Dachthema stellen, z. B. das Meer:

A: Sagen über Meeresungeheuer
B: Tiefseetauchen
C: Bildband über Flora und Fauna der Meere
D: Seeräuberroman
E: Einfluß des Mondes auf die Gezeiten

Übung 2: Träumen und Zählen

Was sonst nicht sein sollte, hier dürfen Sie es: Am Tage träumen. Denken Sie sich etwas Schönes. Malen Sie es sich aus. Halt, umschalten! Zählen Sie die erste Zahlenkolonne zusammen. Träumen Sie nun Ihren Traum weiter. Und wenn Sie richtig abgedriftet sind, heißt es, die nächste Reihe addieren usw., bis Sie im Wechsel zwischen Träumen und Zählen die letzte Zahlenkolonne erreicht haben.

Also: Traum, Zahlenkolonne, Traum, Zahlenkolonne usf.

1 6 5 7 5 3 4 0 7
7 9 1 4 4 5 2 1 3
5 4 4 2 1 9 7 4 9
8 7 6 5 7 1 1 8 7
1 2 5 1 8 7 0 4 9
5 0 9 9 7 3 9 0 5
4 3 1 3 4 5 6 7 1
9 4 5 6 7 1 2 1 0
7 4 2 5 7 3 8 5 3
5 3 1 4 0 2 4 4 2
5 7 6 2 8 5 1 5 1
4 3 9 9 6 1 2 3 4
1 2 8 7 8 9 2 3 7
8 4 1 3 1 6 7 5 9
3 3 3 5 6 1 8 6 4
4 0 0 9 5 8 7 9 3
8 1 7 2 3 8 7 4 4
5 2 0 5 1 2 3 9 7
1 0 0 6 5 3 9 1 2
9 7 8 1 1 9 2 7 3
2 2 2 0 4 6 0 5 6

Übertragen Sie die Übung, indem Sie mitten in einer konzentrierten Arbeit Menschen anrufen, zu denen Sie eine besondere Beziehung haben und denen Sie sich auch intensiv widmen. Versuchen Sie anschließend so schnell wie möglich wieder zurückzufinden.

Übung 3: Wechsel der Konzentrationsart

a) Was ist hier los? Es geht um eine Idee zur Erlebnisgastronomie, „Die Monsterküche". Worin könnte das Besondere dieses Lokals liegen? (Auf die Zielscheibe brauchen Sie noch nicht zu achten.)
b) Schalten Sie nun um zur Zielscheibe. Fahren Sie mit den Augen rund um den inneren Ring, dann um den zweitinnersten, bis Sie den äußersten umrundet haben.

Johannes Zeitvogel

Auf dem Boxring befindet sich die Küche. Sie ist umgeben von einer Manege, in der als Monster verkleidete Ober agieren. Sie bringen nichts, sondern sie verteidigen die Küche. Man muß sich durchkämpfen. Auch wenn es eher augenzwinkernde Kämpfe sind, man hat das Erlebnis des Beutemachens. Erbeutetes schmeckt besser als Serviertes. (Idee: Reinhard Schober)

Bahnung und Fluß

Wir kommen zur dynamischen Seite der Konzentrationstechnik. Wie bringt man eine Aufgabe in Gang und hält sie in der Spur? Wie erreicht man Ausdauer, die nicht nur Kraft spart, sondern auch Befriedigung verschafft? Schließlich erwartet uns das Abenteuer der Höchstleistung.

Bahnung

Den Begriff der Bahnung verstehen wir im Sinne von sich einen Weg bahnen. Nicht für alle Tätigkeiten ist sie notwendig, sicher aber für die, bei denen Konzentrationsprobleme auftauchen können. Das gilt um so mehr,

Aus: Psychologie heute, 1/1983

wenn man neu mit einer Sache konfrontiert ist bzw. eine Weile „draußen" war. Bahnung bedeutet ebenfalls: sich ziehen lassen. „Der Anfang ist die Hälfte des Ganzen", so ging es schon Aristoteles. Das heißt, wenn einmal eine Spur gegraben ist, läuft es. Das Anfangen beginnt weit vor dem eigentlichen Hinsetzen an die Aufgabe, und es endet dort nicht, sondern wirkt in die gesamte Laufzeit der betreffenden Arbeit hinein. In Abwandlung des Aristoteles-Zitats würden wir sagen: Eine gute Bahnung sichert eine gute Konzentration. Damit man nicht im Dschungel der Akten und Rollen steckenbleibt (s. o.) . . .

. . . und es einem am Ende so ergeht:

Hartmut Keitel

Schwierigkeiten, mit einer Sache anzufangen bzw. die Gewohnheit, alles hinauszuschieben, sind natürlich auch eine Frage der Motivation, z. B. eine negative Beziehung zum Termingeber, aber nicht nur. Im Einzelfall ist zu prüfen, welche Maßnahme zu treffen ist.

1. Vorbahnung

Vergegenwärtigen wir uns, daß hohe Konzentrationsleistungen zwar viel bewegen können, in der Praxis aber nicht ständig gefordert sind. Dazu wäre man auch gar nicht in der Lage. Sie ist eher die Ausnahme. Die Regel sind Routinetätigkeiten. Eines unserer Anliegen war es ja, eine gute konzentrationsbezogene Kondition aufzubauen. Ebenso möchten wir mit der Bahnung verfahren. Wir nutzen den Vorteil, daß die großen Anforderungen meist lange vorher bekannt sind. Wegen anderer Aufgaben oder einfach, weil sie noch nicht aktuell sind, beschäftigt man sich innerlich nicht mit ihnen. Das ist falsch. Dadurch erschwert man sich das Anfangen, wenn es soweit ist. Die Vorbahnung betrifft nicht nur das Thema, daran denkt man schon eher, sondern vor allem die Erwartung einer belastenden Situation, mit der man sich nach und nach positiv identifiziert.

Wie es einem anderenfalls ergehen kann, berichten recht anschaulich Befragte aus unserer Studie.

Die Frage: „Kennen Sie folgende Situation: Eine mehr oder weniger lange Zeit war man keinen besonderen Anforderungen ausgesetzt. Auf einmal beginnt eine Zeit, wo es auf die volle Konzentration ankommt. Wie ergeht es einem da?"

Die Antworten: „Fühle mich überfordert, unsicher; es ist schwer, sich zu konzentrieren; man verliert den roten Faden; der Wechsel zwischen Bummel- und Lernzeiten ist schwierig; Unlustgefühl; man verschiebt; fühle mich total schlecht, angespannt, nervös; übersensible Reaktionen; zornig; man hat Anlaufprobleme; 2 Wochen Anlaufzeit sind erforderlich."

Andere, die auf den Anforderungswechsel offensichtlich besser eingestellt sind, sprechen über: „Lust an der Ausschließlichkeit des Tuns; man hat ein Ziel; man kriegt wieder das Gefühl, wichtig zu sein; bemühe mich, alles zu schaffen; bin ein Kämpfer; habe den Anspruch, etwas zu leisten; will es anderen zeigen; man fühlt sich glücklich, neu; es ist angenehm." Die Freude ist zu spüren, daß eine fade und wohl auch nicht unbequeme Zeit endlich vorbei ist.

Wie auch immer, am Schluß ist die Rede von Befreiungsgefühl, Erleichterung, Entspannung, Glücksgefühl, Stolz und Zufriedenheit.

Einige praktische Vorschläge zur Vorbahnung:

Material ansehen

Einen oder mehrere Monate vorher holt man das, was an Unterlagen da ist, auf den Schreibtisch und blättert darin. Dann läßt man von dort ausgehend seine Gedanken kreisen. Allmählich erscheint in Umrissen, wie man die Sache wohl anfangen könnte. Das genügt.

Einem Münchener Philosophie-Professor gelang es, daraus ein System zu machen. In seinem Schreibtischfach links befindet sich eine Hängeregistratur mit künftigen Aufgaben, z. B. Vorträge, Aufsätze, Bücher, über Jahre gestaffelt. In Abständen werden die – laufend erweiterten – Unterlagen herausgenommen und durchgeblättert. Nur für zehn Minuten wird darüber nachgedacht, dann kommen die Unterlagen wieder zurück. Während das eine Projekt bearbeitet wird und sich seinem Ende nähert, haben sich für das nächste inzwischen die kurzen Einblicke über die gesamte Laufzeit gehäuft, daß der Start im wahrsten Sinne des Wortes ein fliegender Start ist. Gemeint ist nicht das anatomische Anfangen, sondern der Zeitpunkt, ab dem man produktiv wird.

Konzept pur

Kein Material braucht man sich beim zweiten Vorschlag anzusehen. Papier und Kugelschreiber werden benötigt. Wie oft ist man in Situationen, wo weder richtige Zerstreuung noch richtige Arbeit möglich sind: im Flugzeug, in der Bahn, im Wartezimmer, beim Gang zur Post, im Wartehäuschen der Buslinie, beim Bügeln. Man ist ein wenig losgelöst. Das ist eine Gelegenheit, über das, was auf einen zukommt, nachzudenken. Nebenbei wird die Langeweile vertrieben. Das kreative Thema lautet, wie packe ich das drohende Problem am besten an: 1., 2., 3. usw. Viele Ideen hat man übrigens in Veranstaltungen, die einem nichts sagen.

Anarbeiten und wieder weglegen

Bewährt hat sich die Methode, zu einem viel zu frühen Zeitpunkt mal einen Tag voll einzusteigen, egal, wie die Qualität ist. Das ist das Anarbeiten. Tauchen erste Perspektiven auf, legen Sie die Arbeit sofort wieder weg. Das Gehirn ist programmiert, unterbewußt läuft es in der Richtung ein Stück weiter.

Die inaktuelle Besprechung

Besprechungen werden fast ausschließlich einberufen, wenn ein aktuelles Problem ansteht, was auch ein aktuell gewordenes Nachdenken über die Zukunft sein kann. Hier ist das Besprechen eines Gegenstands gemeint, der vielleicht erst in einem halben Jahr auf dem Plan steht. Die inaktuelle Besprechung kann ein Team wirksam vorbahnen.

Signale setzen
Eine gute Sache ist die sich immer mehr verbreitende Idee, mit Schildern in der Wohnung und im Büro bei sich selbst dafür zu werben, worauf es einem ankommt. Rüdiger Nehberg, Konditor, Abenteurer und „Überlebenskünstler", hatte vor seiner Atlantiküberquerung mit dem Tretboot überall in seiner Wohnung das Schild angebracht

Kurs Südwest

Wie er uns im Interview mitteilte, war er sich gar nicht so sicher gewesen, ob er tatsächlich dieses Unternehmen durchführen würde. Die Schilder hatten die Aufgabe, das Festhalten an dem Projekt zu erleichtern. Beim Blick auf die Kursbestimmung werden zugleich alle Assoziationen ausgelöst, die damit verbunden sind. Von Spitzensportlern ist zu hören, daß sie sich beispielsweise die angestrebte Bestzeit vor Augen halten. Auch Immanuel Kant verwandte bereits „Konzentrationskärtchen". Man kann das Ziel auf ein Schild schreiben oder auch die Art und Weise, wie man es erreicht. Das wären bestimmte Appelle. Unabhängig von Projekten werden in Managerkursen den Teilnehmern Tafeln mitgegeben, die sie eine Weile in Blickrichtung vor ihrem Schreibtisch aufhängen sollen, z. B. „Wichtigkeit vor Dringlichkeit" wählte der Verfasser aus. Themenbezogene Schilder sollten keine Träume enthalten, z. B. die Höhe eines erträumten Umsatzes, Art des zu bestehenden Examens, sondern Zielrichtungen, Wege, mehr das Wie.

2. Hauptbahnung

Wie eine Antwort auf den Seufzer, daß aller Anfang schwer sei, klingt der alte lateinische Rat: „Bemühe dich um die Sache, die Worte folgen von allein." Tue ich das nicht, muß ich mit viel Einsatz um die Sache kämpfen. Das heißt, die Konzentrationskraft ist schneller dahin, als wenn ich mich vorher um die Sache bemüht hätte. Ein wenig haben wir für sie ja schon bei der Vorbahnung getan.

Der Zeitpunkt für die Hauptbahnung ist da, wenn der Organismus auf den nahen Beginn zu reagieren anfängt: Unruhe, flaues Gefühl, Entwicklung von Strategien, warum man noch lange Zeit hat, oder fremdartige Forschheit. Wer ein angriffslustiges Kribbeln spürt, scheint besser dran. Ungebahnte Lust landet jedoch im Graben, wenn die ersten Nebel kommen.

Identifikation mit dem Thema

Charakteristisch für die Vorbahnung war die Methode, sich nur am Rande und fast spielerisch mit dem Thema zu beschäftigen. Was bevorsteht, sollte frühzeitig ins Spiel gebracht werden, mehr nicht. Das ist nun anders. Wie der Reisende, der sich allmählich auf sein Ziel einstellt, heißt es, Abschied zu nehmen von dem, was den bisherigen Lebensmittelpunkt darstellt. Die gelesenen Reiseführer und die Tips von Freunden lassen einen geistig schon entschweben. Das Sehen nach dem Koffer stimmt endgültig ein. Stellen wir uns so konsequent um wie auf eine Reise. Immerhin bringt ein glücklich erreichtes Arbeitsziel soviel Freude wie ein Reiseziel.

1. Identifikationsschritt
Die einfachste Form der Wahrnehmung ist die sinnliche Wahrnehmung. Rücken Sie die Unterlagen, Werkstücke oder was Ihre bevorstehende Arbeit ausmacht, ins Blickfeld. Reduzieren Sie andere Blickfänge, insbesondere sind Akten oder Zeichenrollen aus der vorausgehenden Arbeit zu beseitigen. Sie haben noch eine Bedeutung für Sie und erschweren die Umstellung. Das häufige In-die-Hand-Nehmen ist wichtig. Bekommen Sie „ein Gefühl" für die Sache. Welche Sinne ansprechbar sind, hängt von der Aufgabe ab: Sehen, Hören, Fühlen, Tasten, Riechen, Schmecken. Je mehr Sie aktivieren, desto besser.

2. Identifikationsschritt
Stellen Sie sich auf eine Sache ein. Nichts anderes ist zu tun. Vorausgesetzt, es bleibt bei Ihrem geplanten Engagement, daran ist kein Zweifel, dann werden Sie mit der Konzentration erfordernden Aufgabe eine Weile zusammensein. Das ist die Tatsache, auf die man sich einstellt. Was zu einem gehört und was man näher kennt, ist einem vertraut, ist fast man selbst. Von dort ergibt sich psychische Nähe, Sympathie. Und sich selbst findet der Mensch – Zweifel hin, Zweifel her – gar nicht so übel.

3. Identifikationsschritt
Sagen Sie sich nun, daß die kommende Aufgabe die wichtigste und interessanteste der Welt ist. Ihr Organismus wird das nicht glauben. Er wird keine größeren Kräfte mobilisieren. Sie müssen nun die Aussage immer wieder wiederholen. Zu dem Zeitpunkt und weil alles andere auszublenden ist, ist das für Sie tatsächlich die wichtigste und interessanteste Sache der Welt. Das müssen Sie ihm klarmachen. Kein Zementgesicht, wenn Sie sprechen,

legen Sie ein wenig Begeisterung hinein. Allmählich rührt sich etwas beim Organismus. Er denkt nach. Ganz überzeugt ist er noch nicht. Aber er hat den Eindruck, daß irgend etwas dran und notwendig ist. Sie können mit ihm rechnen.

Der innere Entwurf

Nicht gemeint ist die äußere Planung, die Organisation, die Aufteilung in Arbeitsschritte. Hier geht es um das innere Vorstellungsbild, wie man mit dem verfügbaren Material, der Zeit, den eigenen Stärken und Schwächen, den Umständen usw. das bestmögliche Ergebnis erreicht. Zuerst stellen Sie sich vor, wie wohl die Durchführung der Aufgabe aussehen könnte, und zwar sowohl auf der Verhaltens- wie auf der mentalen Ebene. Seien Sie realistisch, und seien Sie ehrlich zu sich selbst. Wie kommen Sie voraussichtlich zurecht? Betrachten Sie Ihr Psycho-Video. Achten Sie besonders auf Probleme und Möglichkeiten. Entwickeln Sie daraus Ihren verbesserten Ansatz, und probieren Sie ihn in der Vorstellung aus. Der innere Entwurf ist nicht ein Abbild von etwas zu Erwartendem, sondern machbares Idealkonzept, eine Leitlinie. Im konkreteren Bereich fahren Skiläufer z. B. im Geiste durch Slalomstangen hindurch, um eine spezielle Stilverbesserung zu bahnen. Ähnlich muß der schließlich gefundene innere Entwurf gebahnt und eingeprägt werden, durch wiederholtes Durchgehen. Bewußt sprechen wir noch von einem Entwurf, nicht von einem Muster oder Modell. Auf eventuelle gute oder böse Überraschungen ist zu reagieren.

Güte und Gültigkeit eines inneren Entwurfs hängen von der Art der erworbenen Informationen und ihrer Verarbeitung ab, das muß unbedingt gesagt werden. Ein solcher Entwurf, der auch eine bestimmte zusammengesetzte Einstellung sein kann, ist mehr als eine effektive Orientierung. Er stellt auch eine Entlastung der Gedanken dar. Man muß auf weniger Dinge gleichzeitig achten und hat Raum und Kraft für die spontane Optimierung.

Die drei Klarheiten

Wenn wir in unserer Untersuchung danach fragen, was das Anfangen und Hineinkommen in eine Aufgabe erleichtert oder welche Faktoren grundsätzlich für die Konzentration günstig sind, dann erscheinen in unerwartet hohem Maße verschiedene Aspekte der Klarheit. Die folgenden Äußerungen, von denen wir eine Auswahl vorstellen, zeigen die Bedeutung einer regelrecht mechanischen Bahnung (siehe auch Kapitel Strukturstärke):

- ☐ Ordentlich aufgeräumter Schreibtisch, keine Gegenstände, die nichts mit der Arbeit zu tun haben, Unterlagen, Informationen, Akten präsent, Bereitstellung von Unterlagen und Arbeitsmitteln, vertraute Arbeitsumgebung, eigenes Gerät, alle wichtigen Dinge, die nicht zur Arbeit gehören, vorher erledigen.
- ☐ Sich Überblick verschaffen, Grobgliederung, Schwerpunkte setzen, Aufgabe steht klar vor mir, Überschaubarkeit, Arbeitsplan, die Materie genau verstehen, so daß man sich nur auf die Arbeit konzentrieren muß.
- ☐ Stichworte, Gedanken auf ein Blatt Papier schreiben, das Wichtigste zuerst, mit einer einfachen Sache beginnen, langsamer Übergang vom Rumblättern zum Denken.

Der Organismus tut sich schwer, sich in etwas hineinzubegeben, d. h. sich darauf zu konzentrieren, das für ihn nicht transparent ist.

1.) Klar Schiff

Es hilft also nichts, vor Beginn einer größeren Arbeit muß der Schreibtisch täglich aufgeräumt werden. Das muß nicht heißen, leerer Schreibtisch, sondern aktueller Schreibtisch. Und alles, was man braucht, muß griffbereit sein. Die dafür zu investierende Zeit mag unproduktiv erscheinen, kommt aber wieder herein. Gleichzeitig trägt das Hantieren zur Einstimmung auf das Thema bei. Zwei Ansichten gibt es pro und kontra leerer Schreibtisch. Dafür spricht das Gefühl von freier Bahn, man kann ungehindert loslegen. Der Nachteil besteht im täglichen Wiederaufbau der „Arbeitsbühne". Der volle Schreibtisch, sofern es sich um aktuelle Unterlagen handelt, ist eine organisch entstandene Struktur. Man braucht sich nur dranzusetzen und ist sofort drin. Normal ist nun, daß man sich zwar auf ein Hauptthema konzentrieren kann, daß nebenbei aber andere Themen laufen, die zeitweilig ebenfalls im Mittelpunkt stehen können (siehe Abschnitt „Umschalten"). Da der Blickkontakt mit mehreren Themen konzentrationsstörend ist, ist bei häufigem Themenwechsel das Wegräumen das kleinere Übel. Die ideale Lösung führte dem Verfasser ein freier Werbetexter vor, indem er an zehn Schreibtischen arbeitete. Auf jedem Tisch liegen Unterlagen für nur ein Projekt, z. B. Anzeigen des Produkts, dazu die Konkurrenz, Marktforschungsstudien, Briefings (Vorgaben, worauf es bei der Kampagne ankommt), erste Testentwürfe. Alles so, wie man es sich während der Arbeit zurechtlegt. Außerdem komplett: Papier, Kugelschreiber, Papierkorb usw. Ohne Anlaufschwierigkeiten kann man zwischen den Projekten pendeln.

Quer durch den Raum führt eine Wäscheleine, an der mit Wäscheklammern die fertigen Texte hängen. „Klar Schiff" heißt nicht beseitigen, was man benötigt, sondern für eine optimale Verfügbarkeit zu sorgen.

2.) Übersicht

Fehlende Übersicht wird – im Bereich der drei Klarheiten – von den meisten Befragten als konzentrationsstörend bis -hemmend angesehen. Ein Unbefangener könnte es doch als selbstverständlich betrachten, sich vor dem Start eine Übersicht zu verschaffen. Was steht dem entgegen? Daraus läßt sich ein erster Hinweis ableiten. Man leidet zwar darunter, daß ein Gebiet am Anfang schwer zu überblicken ist, und schreibt sich selbst die Schuld zu, aber anderen geht es ebenso. Im Fall von Analysen, Recherchen ist die Schaffung von Klarheit überhaupt Teil der Aufgabe. So daß auch der Arbeitsumfang schwer einzuschätzen ist. Viele große Entwicklungen kamen nur dadurch zustande, daß man sich von einer unüberschaubaren Situation bzw. einer kaum lösbar scheinenden Aufgabe nicht aus dem Konzept bringen ließ. Gehen Sie von der Normalität anfänglicher Unübersichtlichkeit aus. Erwarten Sie sie. Das ist der erste Teil der „Klärung". Nun kann man gelassener die klassischen Methoden einsetzen, um eine Aufgabenstellung handlich zu machen: Schwerpunkte setzen, Terminierung von Anfang und Ende mit Reservezeiten, Ablaufplan usw. Eine weitere Hilfe stellt die Übersichtlichkeitsmachung nach dem Zwiebelsystem dar. Ein Detail gehört zu einer größeren Einheit, dieses zu einer noch größeren usw. bis hin zu Ihren persönlichen Lebenszielen. Dadurch hängt nichts in der Luft. Beim Schritt-für-Schritt-Vorgehen kann man sich pro Arbeitsgang nicht auf beliebig viele Punkte einstellen. Bewährt hat sich die Zahl Fünf. Die überblickt man gut.

Abschnitt 1 macht man gern. Das ist schon etwas bei fünfen.
Nr. 2 hat schon fast etwas „Hälftiges".
Schwer ist die Nr. 3. Eine Pause davor empfiehlt sich.
Mit Nr. 3 ist man mit einem Blick über den Berg.
Nr. 4 ist der vorletzte Abschnitt.
In Erwartung des Etappenziels steigen die Kräfte für die Nr. 5. Und Schluß.

Die Überschaubarkeit der Zahl Fünf findet sich auch anderweitig. Der Mensch kann nur bis zu fünf Informationseinheiten gleichzeitig aufnehmen. Bei Besprechungen und Brainstormings hat sich die Teilnehmerzahl 5 als am günstigsten herausgestellt. Bei sehr viel mehr geht der Überblick verloren. Statt zu kommunizieren, werden Statements ausgetauscht, was auch eine Aufgabe sein kann. Nicht zuletzt erfährt man die Zahl Fünf von morgens bis abends an seiner Hand. Fünf ist eine organische Zahl.

3.) Einstieg

Zur Eigenart menschlicher Aufmerksamkeit gehört es, daß das Betreten eines neuen Bereichs, ob es ein räumlicher oder ein geistiger ist, eine Art Schwellenangst hervorruft, als ob man Respekt vor einem fremden Territorium hätte. Bei Vorträgen etwa kann man mit einer humorvollen Vorbemerkung hinüberhelfen, bei Zeitungsartikeln gibt es die trichterförmige Anordnung von Schlagzeile, dem Dickgedruckten darunter und dem fettgedruckten ersten Block der Spalten, Zwischenüberschriften ziehen dann weiter über den Text. Bei Zahnärzten unterstützt nach einer Untersuchung am besten die freundliche Aufforderung des Arztes selbst, den Übergang vom Warte- zum Behandlungszimmer zu überwinden. Nicht anders ist die Situation beim Aufgabenfeld.

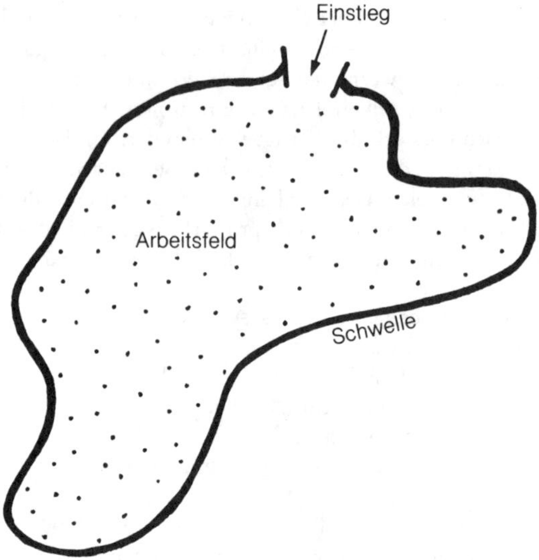

Als Einstieg eignet sich zum Beispiel:

- ☐ etwas Einfaches
- ☐ etwas Neues
- ☐ etwas Bekanntes
- ☐ etwas Lustiges
- ☐ etwas Herausforderndes
- ☐ etwas Merkwürdiges
- ☐ etwas, das den Schlüssel für das Ganze darstellt

Starten

Der Start ist mehr als ein Zeitpunkt. Er ist die Schlußbahnung. Wie gut oder wie schlecht man in eine Aufgabe hineinkommt, davon hängt sehr ab, wie sie gelingt. Man kann bereit und körperlich anwesend sein, und doch ist es den ganzen Tag nicht gelungen, wirklich zu starten. Die Ergebnisse am Abend sind eigentlich nicht der Rede wert. Genauso hätte man zum Baden fahren können. Eine gute Vor- und Hauptbahnung mit der Kenntnis des Einstiegs entschärft sicher die Startproblematik. Temperamentsunterschiede spielen hinein – lebhaftere Charaktere scheinen sich leichter zu tun, neigen aber dazu, mit zu hohem Energieeinsatz an die Sache heranzugehen, so daß sie bald nachlassen (nach Kagan u. Kogan, Impulsiver und reflexiver kognitiver Stil). Ein Start, der nicht auf die gesamte Aufgabe hin angelegt ist bzw. nicht die individuelle Art berücksichtigt, ist ein schlechter Start.

Beispiel eines guten Starts

Foto: Manfred Danegger

Nicht jedes Beginnen ist ein Start. Ist man mitten drin und „gut drauf", handelt es sich nur um ein Weitermachen.

Ein neues Projekt, ein neuer Abschnitt, eine neue Woche, ein neuer Tag, neue Gesichtspunkte können den Start erfordern. Oder: Man arbeitet ungestartet und ist damit zufrieden, was herauskommt. Es gilt herauszufinden, was für einen persönlich die richtige Starttechnik ist. Sie sollte man beibehalten, damit der Organismus Bescheid weiß. Am besten ist eine Ritualisierung.

Sich in Schwung bringen

Sich in Schwung bringen heißt, den Organismus leistungsbereit zu machen, ihn auf „Betriebstemperatur" zu bringen. Das Warming up hat eine körperliche und eine psychologische Seite. Ausreichender Schlaf, Fitneß, gesunde Ernährung, ein gutes Frühstück machen es leicht, in Gang zu kommen. Einer unserer Befragten, ein 31jähriger Bauingenieur, hatte bei sich festgestellt, daß schon drei Bier am Vorabend Startschwierigkeiten am nächsten Morgen bedeuten, was sich sicher bestätigen läßt. Gemeint war, den Dreh zu hohen Leistungen zu bekommen.

Es ist auch sonst nicht gleichgültig, was dem Start vorausgeht. Der Schwung einer gut gelungenen Arbeit läßt sich übergangslos auf eine ganz andere übertragen. Nur nichts abreißen lassen. So multipliziert sich Erfolg. Der Optimismus eines frohen Abends ist schon der halbe Schwung am nächsten Morgen. Umgekehrt ist es schwer, sich in Schwung zu bringen, wenn man einige Stunden eng mit depressiven Leuten zusammen war oder mit solchen, die von nichts etwas halten. Gefühlsansteckung droht, wenn Sie sich identifiziert haben oder es mußten. Machen Sie sich vor dem Schlafengehen davon frei, z. B. mit einem Buch, sonst geht die Hirntätigkeit in dieser Richtung weiter. Am Morgen sitzen Sie wie gelähmt hinter dem Schreibtisch. Sind Sie selber in einer deprimierten Stimmung, z. B. weil etwas nicht geklappt hat oder weil ein trostloser grauer Himmel sich vor dem Fenster aufbaut, versuchen Sie es nicht mit künstlicher Lustigkeit. Gut gemeinte Späße von anderen machen es ebenfalls nur schlimmer. Was Sie brauchen, ist Aufhellung. Ein einfaches Mittel ist Licht. Machen Sie alle Lampen an. Sehen Sie sich lichtdurchflutete Landschaftsbilder an. Es ist gut, für alle Fälle ein solches Bild hängen zu haben. Kleiden Sie sich mit hellen, frischen Farben. Oder kaufen Sie sich etwas Neues. Etwas abschätzig wird von „Frustkäufen" gesprochen, eine kleine Hilfe sind sie schon. Weiterhin hilft das Essen von Dingen, mit denen sich das Image von Frische und Aufbau verbindet, z. B. frisches Obst, Joghurt, auch Süßes. Oder etwas stabilisierend Herzhaftes. Lassen Sie die Stimmung ab und zu mal ausschwingen, mal mit Absicht Trübsal blasen und noch eins draufsetzen, bis es Ihnen selbst zu dumm wird. Nehmen Sie sich etwas Nettes vor, das Sie nebenher begleitet. Sie werden sehen, nach und nach lichtet sich Ihre Seele. Im Normalfall ist es richtig und möglich, bewußt fröhlich zu sein, unterstützt z. B. durch Musik, Gymnastik, andere Menschen. Aber nicht so intensiv, daß eine Umbahnung eintritt. Oder Sie manövrieren sich in Aggression und Wut, jetzt wollen Sie es denen zeigen. Termindruck bringt zwar in Schwung, ideal ist ein von Ihnen selbst gesetzter (siehe Kap. Motivation, Druckmotive).

Kurzes Verharren
Warten Sie, fangen Sie noch nicht an. Ruhe vor Ihrem Ansturm ist geboten. Jetzt muß es knistern, geladene Atmosphäre. Während Sie bei den leeren fünf Minuten sich zurückziehen, sind Sie hier „voll da". Sie tun ebenfalls nichts, jedenfalls nichts Besonderes, zum Beispiel während Sie einen Bleistift spitzen, ein wenig herumtrödeln, ein paar Schritte gehen, über das Wetter reden, etwas nachschlagen oder Ihren Kaffee trinken. Würden Sie in hochaktivem Zustand direkt an die Aufgabe gehen, würden Sie Mühe haben, sich genau in die Problematik einzufinden. Unscharfe Erfassung bedeutet, daß zu viel Zeit vergeht, bis Sie produktiv werden. Das kurze Verharren ist eine rationale Phase. Sie sind hellwach. Sie wissen: Vorsicht, die Situation ist empfindlich, niedrige Ablenkbarkeitsschwelle.

Los!
Jetzt ist es ein Vorteil, einen guten Einstieg zu kennen. Mit einem Satz heißt es nun, hineinspringen. Anpacken und dranbleiben. Sie heben ab. Fehlstart? Wiederholen Sie den Startvorgang.

Fluß

Ein konzentrierter Zustand sinkt bald ab, wenn er nicht durch irgend etwas gehalten wird. Hat man einen lebendigen, herausfordernden Konzentrationsgegenstand, z. B. Menschen, die um Rat fragen, stimuliert das die Konzentrationsleistung. Mit dem Nachteil, daß unbemerkt über die eigenen Kräfte gegangen wird. Entlastung und Halt bringen eine Rhythmisierung der Arbeitsweise. Sie verlängern nicht nur die Konzentrationsdauer, sondern sie verschaffen auch ein befriedigendes Tunserlebnis.

Von dem Psychologen M. Csikszentmihalyi haben wir den Begriff Fluß übernommen. Eine Untersuchung ging voraus, bei der Versuchspersonen den Erlebniswert unterschiedlicher Aktivitäten in Beruf und Freizeit bestimmen sollten. Fluß ist „ein freudevolles Aktivitätsgefühl, das völlig in der Sache, mit der man sich beschäftigt, aufgeht; eine Aufgabe, die ganz von der Aufgabe absorbiert wird und die eigene Person vergessen läßt". Flußerleben tritt ein, wenn die Anforderung der Aufgabe die eigene Tüchtigkeit leicht übersteigt. Das heißt, das Erlebnis, daß es vorangeht, kombiniert mit der gut zu bewältigenden Herausforderung, ist ein genußvoller Weg zum Erfolg. Überforderung führt zu Angst, Unterforderung zu Langeweile (nach Csikszentmihalyi, siehe Heckhausen 1980).

Was kann man tun, um rhythmische Nach-vorn-Bewegung zusammen mit der Ausbalancierung des Flußerlebens zu erreichen? Auf wechselnde Anforderungen nicht nur innerhalb einer Aufgabe ist einzugehen. Typisch für den Verlauf der Konzentration ist weniger die gerade Linie, sei sie ansteigend oder abfallend, als verschiedene Höhepunkte und Täler.

Regelmäßige Gewohnheiten

Um eine Arbeit in Fluß zu halten bzw. zu rhythmisieren, sind immer wiederkehrende Elemente wichtig. Zum Beispiel: relativ feste Anfangszeiten, ein bestimmter Arbeitsumfang, der hintereinander geleistet wird, Pausengewohnheiten.

Flußdramaturgie

Damit der Fluß gut in Bewegung kommt und auch bleibt, läßt sich einiges tun. Nach dem Start ist die Leistungsfähigkeit nicht hoch. Entsprechend niedrig sind die ersten Anforderungen zu halten, damit es zu einem positiven Fluß-Erleben kommt. Zu niedrig wäre wieder negativ, da der gewisse Herausforderungsreiz fehlt. Das erste Erfolgserlebnis treibt voran. Jetzt ist eine allmähliche Steigerung angebracht und vielleicht eine Pause.

Viele schwören gerade bei Tagungen, Schulungen, Seminaren, Sitzungen auf die beflügelnde Kraft der frühen Pause. Sie beruht auf dem Erlebnis, bereits einen ganzen Abschnitt hinter sich gebracht zu haben und sich noch topfit zu fühlen. Ein Erfolgserlebnis hatte man auch schon. Danach darf man ruhig belasten. Der mittlere Vormittag gilt außerdem biorhythmisch als günstig. Man will sehen, daß man ein meßbares Ergebnis zuwege gebracht hat.

Gehen wir auf die Höhen und Täler der Aufmerksamkeit ein. Laufen Sie zur Hochform auf, ist meist noch eine weitere Steigerung möglich. Nutzen

Sie sie, bleiben Sie dran. Leider wiegt man sich gerne in der Illusion, das ginge ewig so weiter. Um das Fluß-Erleben zu halten, ist nach Überschreitung des Gipfels das Anforderungsniveau herabzusetzen, es kommt zur Erholungsschaltung. Besteht die Möglichkeit nicht, weil es drängt, hilft eine Veränderung des Reizumfeldes. Zum Beispiel Einnahme eines anderen Platzes, Wechsel zur anderen Aufgabe, gut bei Monotoniebelastungen. Der ausgesendete Neugierreiz verscheucht für kurze Zeit noch einmal die Müdigkeit.

Ein Problem taucht auf

Jederzeit können Arbeitsprobleme erscheinen und den Fluß stoppen. Deshalb absorbieren sie stark die Aufmerksamkeit. Zugleich möchte man sich ihnen nicht zuwenden, weil es ja weitergehen soll. Ergebnis: Das Problem wird mit halber Kraft angegangen und zieht sich hin. Man kommt aus dem Tritt, ärgert sich. Die Barriere nimmt Ausmaße an. Da gibt es nur eins: Sofort heraus aus dem Fluß und das Problem wie eine eigene Aufgabe in Angriff nehmen. Es ist keine Störung, sondern gehört dazu. Sie haben viel Energie verbraucht. Daher sollten Sie es nach der Rückkehr vom Problem-Ausflug etwas ruhiger angehen lassen (siehe Störungsabwehr, kreative Steuerung).

Störungsabwehr

Bisher beschäftigte uns das richtige Erfassen und Halten des Konzentrationsgegenstands. Diese Handlungseinheit spielt sich nicht im luftleeren Raum ab. Sie ist ständig gefährdet durch innere und äußere Störungen, die nur teilweise durch eine verstärkte Konzentration auf die Sache ausgeglichen werden können. Der Energieverlust durch „Wegkonzentrieren", wenn es überhaupt gelingt, ist wesentlich größer, als Maßnahmen zur Störungsabwehr organisch zu integrieren. Viel ist durch eine gute Vorsorge gewonnen, die die empfindliche Aufmerksamkeitstätigkeit schützt. Störungsabwehr gehört zu den zentralen Bereichen der Konzentrationstechnik. Von Nutzen ist eine gewisse Resistenz, wie sie von uns im konzentrierten Lebensstil nahegelegt und im Rahmen des Konditionstrainings speziell verstärkt wurde. Denn ein großer Teil der Beeinträchtigungen ist bei den individuellen Lebensumständen nicht zu beseitigen, allenfalls zu mildern. Man muß mit ihnen leben. Was um so leichter fällt, je geringer die Gesamtstörlast ist.

Abwehr störender Gedanken

Die Auseinandersetzung mit negativen Einflüssen nimmt bei unseren Befragten einen breiten Raum ein. Bereits in der Vorstudie war das zu erkennen. Daß in einer Konzentrationsstudie die Zeitplage, Lärm und der Wunsch nach Ruhe vielgenannte Probleme sind, wundert nicht. Aber es sind nicht die größten. Manche Gedanken kommen im falschen Moment mit einer Kraft, daß man einiges dagegen tun muß. Intensive Entwicklungen im zwischenmenschlichen Bereich stören meistens die notwendige Einsamkeit.

Werfen Sie zuerst einen Blick auf das Strömen der Gedankenmengen im normalen, nichtkonzentrierten Zustand. Sie bemerken das Auftauchen und Verschwinden sehr verschiedener Gedanken in unterschiedlicher Deutlichkeit. Manche zischen als Gedankensplitter kurz hindurch, andere bilden leuchtende Ketten, die sich durch Assoziationen erweitern, auflösen, neue Verbindungen mit anderen eingehen; wieder andere sind träge vor sich hindümpelnde Brocken. Als Nebel erscheint in der Ferne ein ganzes System zusammengehöriger Gedanken. Alles ist in Bewegung. Und erinnert ein wenig an den Kosmos. Ein aktuelles gedankliches Ereignis verändert urplötzlich die Sicht. Groß und alles andere überstrahlend steht im Vordergrund das, was einen gerade besonders bewegt.

In der konzentrierten Situation dringen ebenfalls ununterbrochen Gedanken hinein, die nicht dazugehören. Sie müssen nicht stören. Leichte Gegenläufigkeiten können sogar dazu beitragen, das Spannungsfeld länger zu erhalten, d. h. die Ausdauer zu erhöhen. Wenn es passiert ist, daß Gedanken mit großer Störkraft eingedrungen sind, ist die Lage ernst, so daß nahegerückte Gedanken folgender Art fast zwangsläufig die Aufmerksamkeit auf sich ziehen: z. B., wohin der nächste Urlaub gehen soll, der gestrige Horrorfilm, die Schramme am Auto und ob nicht doch vielleicht der andere schuld hat, finanzielle Sorgen, Zweifel an sich selbst oder ein funkelnder Erfolg, von dem man nicht loskommt und der die weitere Arbeit beeinträchtigt.

Unser Ansatz ist die menschliche Fähigkeit, Gedanken bewußt herholen und wegtun zu können. Wir wollen eine Palette möglichst einfacher und wirksamer Abwehrtechniken zusammenstellen, damit die weitere Konzentrationsarbeit nicht leidet. Es sind Anregungen. Von der Art der störenden Gedanken und der persönlichen Vorliebe hängt es ab, was in Frage kommt. Wo es um tiefergehende Probleme geht, empfehlen sich lediglich „mechanische" Lösungen nicht. Auf sie richtig einzugehen, übersteigt den Rahmen eines Konzentrationsbuches.

Verscheuchen

Der Sprachgebrauch, unpassende Gedanken zu verscheuchen, betrifft solche, die noch nicht nahe herangekommen sind. Man sieht sie, rennt ihnen mit lautem Spektakel entgegen. Man plustert sich auf. Begleitet wird das Verscheuchen von Gedanken oft mit herumfahrenden Armen. In Selbstgesprächen können Worte fallen wie: „Nein, Schluß jetzt, weg damit!" Für alle Abwehrtechniken gilt, daß sich die Wirkung der Verteidigung erhöht, wenn eine Unterstützung durch Gestik und Sprache möglich ist.

Beiseite schieben

Wenn es heißt, daß man einen bestimmten Gedanken beiseite schiebt, ist er bereits da. Aber nicht besonders gefährlich. Menschen, die sich rechts über die Stirn wischen oder eine regelrecht beiseite schiebende Handbewegung machen, bringen dies zum Ausdruck. Die Gedanken haben entweder keine große Störkraft, oder der Betreffende erledigt die Sache souverän.

Wegdrücken, abschütteln

Hier ist schon eine feste Umklammerung eingetreten. Die Gestik wird vom Ellenbogen getragen. Manche kneifen die Augen zu und öffnen sie wieder mit einem seitlichen Ruck des Kopfes, als ob man etwas wegschleudern möchte. In jedem Fall ist eine starke Gegenenergie zu mobilisieren.

Relativieren

Keinen Kraftakt erfordert die Technik des Vergleichens. Die Beeinträchtigung wird nicht beseitigt, sondern durch Vergleich und Bewußtmachung von z. B. noch Schlimmerem soweit herabgesetzt, daß sie nicht mehr zu spüren ist. Ein dummes, peinliches Erlebnis raubt Ihnen die Konzentration. Sie vergleichen seine momentane Bedeutung mit der für das ganze Leben. Tausend Mark im Lotto: Was ist das schon? Die Bemühung, scheinbar Gewichtiges eine Nummer kleiner zu machen, drückt sich in der wegwerfenden, fast verächtlichen Handbewegung aus. Das Vergleichsobjekt, dessen Maßstab gilt, wird gerne mit langsamen, ausladenden Worten beschrieben, während der Störgedanke nur kurze Erwähnung findet. Er ist einfach lächerlich. Man schüttelt nur den Kopf, muß lachen über die Anmaßung.

Vertagen, aufschieben

Diese Technik empfiehlt sich bei umfangreicheren Problemen, Erledigungen oder Lüsten. Schon der Beginn einer näheren Auseinandersetzung würde eine Umbahnung einleiten und das Zurückfinden zur aktuellen Konzentrationsaufgabe sehr erschweren. Die Verschiebung auf einen späteren Zeitpunkt wird vom Organismus nur dann akzeptiert, wenn wirklich darauf eingegangen wird. Wird ein paarmal die Erfahrung gemacht, daß ein vertagtes Problem später gar nicht behandelt wird, wird die Abwehrmethode beim nächstenmal nicht mehr funktionieren, d. h. es bleibt. Die Gewohnheit, den Vertrag einzuhalten, auch zu Lasten einer unvorhergesehenen anderen Konzentrationsaufgabe, macht den Kopf wieder frei.

Isolieren

Die gedankliche Störung wird wahrgenommen, aber man hat nichts mit ihr zu tun. Man grenzt sie aus. Sie geht einen nichts an und stört deshalb auch nicht. Die Methode des Isolierens erfordert einige Könnerschaft.

Vernebeln

Leichter ist es schon, die Störung dadurch zu beseitigen, indem man eine Fülle von mehr oder weniger zutreffenden Argumenten losläßt, die allmählich den Blick verstellen. Der Nachteil ist allerdings, daß man natürlich weiß, daß da etwas ist.

Panzerung

Das ist die praktischste Methode. Man macht einfach weiter und kümmert sich gar nicht um irgendwelche störenden Einflüsse. Voraussetzung ist eine robuste Wesensart. Es ist nicht verkehrt, sich ein wenig davon durch Gewöhnung anzueignen (Desensibilisierung).

Vernichten

„So ein Quatsch, was soll das, Blödsinn…" Ähnlich redet man, um eine Störung ohne große Umstände zu erledigen.

Ist sie etwas größer, nehmen Sie sich ein Blatt Papier. Schreiben Sie darauf in kräftigen Buchstaben, welcher Gedanke Sie von der Konzentration ablenkt. Sie können ihn auch als Bild malen. Sehen Sie sich die auf das Papier gesetzte Störung ausführlich an. Packen Sie das Blatt mit beiden Händen, und reißen Sie es mit einem kräftigen Ruck mittendurch. Legen Sie die beiden Hälften aufeinander, und vierteilen Sie die Ablenkung. Sechzehnteln Sie sie, zweiunddreißigsteln Sie sie, und werfen Sie das Konfetti aus dem Fenster.

Abwehr nicht erkennbarer Störgedanken

Ob einer oder mehrere Gedanken die Konzentration beeinträchtigen, ist in der Regel sehr deutlich auszumachen. Auf den folgenden Sonderfall ist noch einzugehen, daß man bis auf ein nagendes, von der Konzentration abhaltendes Gefühl nicht weiß, was los ist. Gehen Sie alles durch, was Ihnen im Augenblick nicht besonders gefällt. Ziehen Sie weiterhin alles heran, was Sie in letzter Zeit alles beschäftigt hat. Möglicherweise ist eine Betroffenheit darüber gar nicht ins Bewußtsein gedrungen. Ziel der Suche ist es, herauszufinden, was Sie – wirklich – bedrückt und bei der konzentrierten Arbeit beeinträchtigt. Bis Sie fündig werden, kann es etwas dauern. Auf einmal werden Sie den Punkt erwischt haben: „Aha-Effekt!" Eine tiefe Erleichterung geht davon aus, wenn man das Problem zutage gefördert hat. Meist handelt es sich um eins, das erst einmal vertagt werden muß, aber das macht dann nichts.

Weiterspinnen und verarbeiten

Ein gutes Verfahren, über das viele unserer Befragten berichten, ist es, die Dynamik störender Gedankengänge auslaufen zu lassen. Man spinnt den

Faden ein Stück weiter, eine vorläufige Verarbeitung wird vorgenommen. Das hat zur Folge, daß die Störkraft herabgesetzt ist. Die Luft ist raus. Nun ist es eine leichte Sache, die Beeinträchtigung beiseite zu schieben. In Frage kommen Störthemen von mittlerem Volumen, die eine Entfaltungstendenz haben, d. h. aus einem entwickelt sich das andere und so fort.

Abschalten, sich neu sammeln
Auch dies ist ein beliebter Weg. Man macht sich eine Weile frei von Gedanken überhaupt, sowohl nützlichen wie schädlichen. Herumgehen hilft, sich entspannen, Atemübungen, schlafen. Im Grunde wird eine neue Ausgangsposition eingenommen, siehe „die leeren 5 Minuten" (Seite 126). Oft kann man das nicht machen.

Wir möchten noch auf die Kapitel „Kreative Steuerung" und „Bahnung und Fluß" verweisen. Sie haben u. a. den Sinn, Unsicherheiten und Probleme beim Arbeitsablauf gering zu halten bzw. auf sie eingestellt zu sein. Auf der Stelle treten, nicht weiterkommen ist nicht tragisch, wenn man die Bewältigung als normale Teilaufgabe auffaßt. Wenn nicht, werden Angstgedanken von erheblicher Störkraft frei. Vor allem eine gute Bahnung schützt davor.

Da störende Gedanken nicht zu sehen und zu hören sind, unterschätzt man die Notwendigkeit, sich vor ihnen zu schützen. Dazu trägt bei, daß man nicht darüber spricht. Wie ernst das Problem ist, zeigen die folgenden Äußerungen aus der Begleitstudie:

> Fühle mich unwohl, die Arbeit leidet gewaltig darunter, man kann nichts erfassen, fällt erst auf (die Ursache), wenn ich trotz wiederholtem Lesen den Inhalt nicht erfaßt habe, finde es schwierig, sich zu konzentrieren, wenn irgendwelche Gedanken im Kopf herumwuseln, die Arbeit leidet, bin unzufrieden.
>
> Grüble vor mich hin, man kann nichts dagegen tun, zwinge mich zwar zum Lernen, aber nach ½ Stunde ertappe ich mich meistens wieder beim Grübeln.
>
> Die Gedanken kommen meist am Anfang oder am Ende; wenn mich etwas nicht interessiert, kommen die Gedanken immer dann, wenn es schwierig ist und die volle Konzentration erforderlich ist.
>
> Denke beim Übersetzen oft an etwas anderes, man muß im Wettkampf fast immer mit störenden Gedanken rechnen.

Lasse mich schon leicht ablenken, habe noch keine Mittel dagegen gefunden, werde unheimlich wütend, und das putscht mich negativ auf.

Stolz und Euphorie, das stört, man muß sich zurücknehmen, die Energie sparen, verteilen.

Machen Sie sich mal uninteressant

Das Bedürfnis, mit anderen Menschen zusammen zu sein, hat heute nach vielen Forschungsergebnissen einen hohen Stellenwert. Man sucht die Geborgenheit in der Clique und geht gerne die engen Bindungen ein. Partnerschaft und Familie sind ein reich diskutiertes Thema. Ein lebendiger Bekannten- und Freundeskreis will gepflegt sein. Gute Kontakte mit Kollegen, Geschäftspartnern werden nicht nur aus Nützlichkeitsüberlegungen angestrebt. Zu den wichtigsten Urlaubsmotiven gehört der Wunsch, Zeit füreinander zu haben und neue, nette Menschen kennenzulernen. Ein reiches Angebot an Hilfen steht zur Verfügung: vom Telefon, Auto bis hin zum großen Angebot an Publikationen über mitmenschliche Beziehungen. Nichts scheint bedenklicher zu sein als die Einsamkeit. Wer für eine bestimmte Zeit die sozialen Verflechtungen verlassen möchte, muß ausdrücklich um Verständnis bitten, auch sich selbst gegenüber. Schon ist die Lästigkeit selber ein Störfaktor. Zieht man sich einfach „so" zurück, werden wohlmeinende Freunde aus fröhlichen, gemeinsamen Tagen sich bemühen: „He, was ist los?" Später werden sie etwas intensiver versuchen, einen in die Gruppe zurückzuführen, bis sie sich umzustellen beginnen. Und Sie fangen an, nicht mehr dazuzugehören. Die Angst davor kann einer der Gründe sein, daß man sich nur für größere Anlässe wie Prüfungen und Terminarbeiten auszuklinken wagt.

Nicht Menschen sind störend – siehe die Beliebtheit von Bahnhöfen für Kreative –, sondern intensive, persönliche Beziehungen im unpassenden Augenblick. Eine Abwehrstrategie ist zu finden, die Störungen vermindert, aber nichts zerstört.

Unser Konzept geht von den normalen Schwankungen der Beliebtheit aus. Mal bemüht man sich mehr um andere, mal weniger. Mal ist man anziehender, hat mehr zu sagen, steht mehr im Mittelpunkt, mal weniger.

Statt wie sonst, eher mehr als weniger zu bieten, bieten Sie eher weniger als mehr. Sie machen sich uninteressant. Gerne gewährt man Ihnen Ihre Ruhe. Niemand ist vor den Kopf gestoßen. Nach einer Weile tauchen Sie wieder auf, tun und machen, aktualisieren sich. Sie können sich auf eine Aufgabe konzentrieren und sind wieder dabei. Mehr als vorher. Nichts weckt mehr Interesse als eine interessante Entwicklung.

Bei der Entflechtung von Kommunikation gehen wir den umgekehrten Weg, wie ihn der Psychologe M. Argyle in seinem Buch „Soziale Interaktion" für das Zustandekommen vorschlägt. Orientierungspunkt ist bei Argyle der „Belohnungswert". Das heißt, ein Mensch, der einen hohen Belohnungswert hat, ist anderen gegenüber aufmerksam, lächelt, bemüht sich um Nähe, hat einen freundlichen Tonfall, seine Äußerungen greifen glatt in die Gesprächsführung des Partners ein, er sagt etwas Nettes, lobt, freut sich, wenn der andere da ist. Der Kontakt mit einem solchen Menschen wird also reich belohnt. Entscheidend ist, wieviel der Betreffende dafür haben will, welche Ansprüche und Gegenleistungen dafür erwartet werden. Der Egoist hat einen niedrigen Belohnungswert bei hohen Kosten. Er fordert viel und gibt wenig. Wer sich eine Weile aus den sozialen Verflechtungen herauslösen möchte, um sich auf etwas zu konzentrieren, hat es mit dem Egoisten gemeinsam, daß er ebenfalls kommunikativ nichts gibt, außer in bezug auf ein Arbeitsteam. Mit dem Beliebten hat er gemeinsam, daß er nichts fordert. Nur in Ruhe gelassen werden möchte er. Der Belohnungswert existiert nicht an sich, sondern bildet sich nach Argyle durch eine bestimmte Fertigkeit, der „sozialen Fertigkeit". Das Pendant wäre eine Art „Entflechtungsfertigkeit". Entflechten heißt nicht, bestehende Bindungen zerstören, sondern sie für eine bestimmte Zeit unbeschadet zu lösen, um sie wieder zusammenführen zu können.

Im folgenden werden einige Entflechtungstechniken vorgeschlagen, die natürlich meist kombiniert zum Tragen kommen:

Uninteressierte Körpersprache

Auf eine Körpersprache ist zu achten, die die Signale aktiver Zuwendung vermeidet. Auch die aktive Abwendung, z. B. den Kopf zur Seite drehen, den Rücken zukehren, darf nicht sein, erstens, um nichts zu zerstören, und zweitens, um keine intensive Beziehung, wenn auch eine negative, aufzubauen, die dann zum Störfaktor würde. Die Intimzone liegt etwa zwischen 60 cm und Hautkontakt, die persönliche etwa zwischen 1,50 m und 60 cm, die umgangsmäßig gesellschaftliche etwa zwischen 1,50 m und 300 cm. Halten Sie sich in der jeweiligen Situation an die Distanzzonen, gehen Sie aber an den äußersten Rand. An einem Tisch über Eck zueinander sitzen ist weniger verbindlich als direkt gegenüber oder nebeneinander. Übereinandergeschlagene Beine stellen eine Schutzhaltung dar und in irgendeiner Form gekreuzte Hände oder Arme. Man kann sich hinter Büchern und Aktenbergen verschanzen und, wenn das nichts hilft, langsam aufstehen, den Kopf weit erhoben, und dem „Angreifer" fest in die Augen sehen. Der ist sofort wieder draußen. In den Worten sind Sie betont liebenswürdig. Dadurch wird verstanden, daß Sie an der Aufrechterhaltung einer guten Beziehung interessiert sind, sie in der momentanen Situation aber nicht gebrauchen können. Würde der „Angreifer" Ihre Abwehrsignale mißachten, ist von Ihnen eine aggressive Reaktion zu erwarten, die nun auch die Beziehungsebene beschädigt. Das kann beabsichtigt sein, ist aber nur in wenigen Fällen zu erwarten.

Interessiertes Vorbeugen mit Anspannung des Körpers sollte gemieden werden. Lächeln Sie persönlich, ist es eine Aufforderung, eine nähere Kommunikation einzuleiten. Lächeln Sie formell, sagen Sie: „Bis hierhin und nicht weiter." Kleidung, Schminke, das ganze Äußere können zur Kommunikation einladen oder die Botschaft vermitteln, daß man heute und in der Situation ein wenig Abstand wünscht (siehe Hans-Joachim Hoffmann, „Kleidersprache"). Die klarste Form der nicht-interessierten Körpersprache ist die, die Kontakte seltener werden zu lassen. Damit keine Gegenreaktion ausgelöst wird, sind die Zwischenzeiten mit kurzen telefonischen Kontakten auszugleichen.

Gemeinsamkeiten vermindern

Freundschaften, Gruppen, auch wichtige Bekanntschaften kommen leichter zustande, wenn Gemeinsamkeiten da sind, z. B. Interessen, eine bestimmte Art zu reden, was man gut und was man schlecht findet, Lebensumstände. Kennenlernen funktioniert am besten über einen gemeinsamen Faktor. Im Urlaub hat sich die Stranddusche als gutes, unkompliziertes Verbindungselement herausgestellt. Die stärkste Gemeinsamkeit liegt vor, wenn die Gruppe, deren Mitglied jemand ist, der sich für eine Weile geistig verabschieden möchte, ein gemeinsames Ziel hat. Zum Führer wird ohne Abhaltung einer Wahl derjenige, der sich am meisten um alle Mitglieder kümmert, für sie einen Belohnungswert darstellt und sich am meisten für das gemeinsame Ziel einsetzt. Wer interessiert ist, betont so oft wie möglich die Dinge, die alle miteinander verbinden, was ihm verstärkte Zuwendung einbringt. Gegen die allgemeine, also auch unsere Interessenlage äußern wir uns natürlich nicht, aber wir betonen die Gemeinsamkeiten nicht mehr. Diesbezüglich treten wir in den Hintergrund. An Zurückliegendes, wie gemeinsame Erlebnisse, sollten Sie ebenfalls nicht unnötig erinnern. Oder wenn man es Ihnen gegenüber tut, nicht besonders mitgehen.

Kein Streit!
Streit mit dem Partner oder mit Arbeitskollegen, auf die man angewiesen ist, einschließlich demjenigen, der über einem steht, hat nach unseren Erkenntnissen eine kaum zu bewältigende Störkraft. Wenn die soziale Existenz gefährdet ist, wird alles andere zweitrangig. Ist eine Versöhnung nicht so einfach zu haben, ist nur wenig zu machen. Das „Wenige", das sich zur Aufrechterhaltung der Konzentration tun läßt, wollen wir nutzen. Nahe liegt es, daß man in einer Zeit der erhöhten Anforderung von sich aus keinen Anlaß zu Auseinandersetzungen gibt bzw. sich provozieren läßt. Entzündet sich trotzdem etwas, bestehen gemäß der Ärgerkurve (s. u.) beim Streitbeginn die besten Aussichten, das Feuer zu ersticken. Bloß kein Öl hineingießen. Die Steigerung des Lebensgefühls, die für manche damit verbunden ist, steht in keinem Verhältnis zur Depression, die das Scheitern bei einer wichtigen und daher Konzentration erfordernden Aufgabe mit sich bringt. Viel für sich hat die Methode „Dickes Fell". Ruhig bleiben, an etwas anderes denken, wenn jemand vor einem herumhampelt. Und natürlich: Über etwas hinwegsehen, was nicht einwandfrei ist. Ist der Durchbruch erfolgt und ist man selber nicht ganz unschuldig daran, gibt es noch eine sofortige Beendigungsmöglichkeit, die unmenschliche Kraft erfordert und nicht immer gelingt: Über den eigenen Schatten zu springen. Ansonsten empfiehlt sich, Ärmel hoch und die Geschichte hinter sich bringen. Knüpfen Sie so bald wie möglich bei möglichst unverfänglichen, banalen Gemeinsamkeiten wieder an, bzw. seien Sie bereit, ein solches Angebot aufzunehmen. Ein interessanter Nebeneffekt ist der, daß man nach den heißen und kalten Duschen, abgerundet durch ein Schaumbad der Versöhnung, Bäume ausreißen könnte. Die Zeit ist allerdings weg.

Die nebenstehende Ärgerkurve nach Tomaszewski ist recht aufschlußreich. Bei Störungen aus dem mitmenschlichen Bereich ist besonders darauf zu achten, daß auch beim anderen kein Durchbruch stattfindet. Wenn er sich nicht verhindern läßt, muß man sich darauf einstellen, daß der Groll einige Zeit erfordert, aber schließlich ist er vorbei. In der Eingangsphase ist die Störungsabwehr ja am leichtesten. Viele Emotionen, die durch die Konfrontation mit einem Gegenpart gekennzeichnet sind, verlaufen nach dem Muster, daß ein allmählicher und meist erkennbarer Spannungsaufbau geschieht, der auf einmal explodiert, um ebenso allmählich, nicht sofort, zu Entspannung und Erleichterung zu führen.

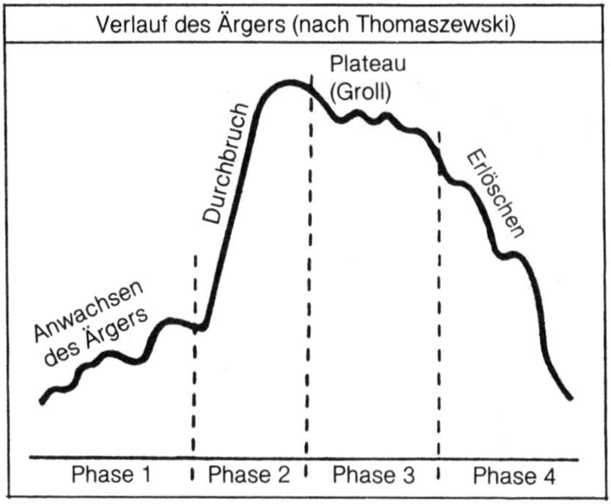

Ärgerkurve

Wie sagt man ab?
In einer schwierigen Lage befindet sich der Konzentrierer, wenn er in einer Zeit großer Anspannung eine nette Einladung erhält. Man müsse sich doch mal ausspannen, heißt es, frische Kräfte sammeln, essen täte man doch sowieso usw. Wer alles kommt, erfahren Sie, ein fröhlicher Abend wird entworfen und mit der Kläglichkeit Ihrer Argumente verglichen. Der Organismus sagt sofort zu, der Verstand – wenn er das Sagen hat – ab. Sie bedauern und entschuldigen sich. Etwas reichlich aufgetragenes Verständnis schlägt Ihnen entgegen. Nichts ist aufreizender als eine Absage. Der Gastgeber ist herausgefordert. Er wird jeden Ihrer Gründe zerpflücken. Mehr denn je gilt: Machen Sie sich uninteressant.

Zuerst formulieren Sie Ihre Absage natürlich souverän und verbindlich. Sie schlagen vor, daß man sich doch zu einem späteren Zeitpunkt einmal sehen sollte. Nur wenn trotzdem gedrängelt und überredet wird und Sie die Beziehung nicht verletzen wollen, kommen die weiteren Maßnahmen in Frage. Setzen Sie nicht dagegen, daß Sie wirklich nicht kommen können oder möchten. Dadurch wächst, wie beschrieben, die Spannung an. Bestätigen Sie dem Gastgeber, ein wie schöner Abend das wird. Hängen Sie aber das Klagelied an, wie sehr Sie es bedauern, daß Sie nicht dabeisein können. Der Gesprächspartner, der vermutet hatte, daß Sie sich wahrscheinlich nichts aus der Einladung machen und froh sind, einen einigermaßen haltbaren Absagegrund zu haben, ist nicht mehr enttäuscht. Der Spannungsdruck läßt nach. Der Rest ist eine Kleinigkeit. Ist trotzdem die Situation unverändert, holen Sie jetzt Ihre „Wunderwaffe" heraus. Erzählen Sie, daß Sie nicht nur Sorge haben wegen der Zeit und daß Sie aus dem Tritt kommen, Sie fühlen sich nicht in der Stimmung. Eine Bereicherung des Abends wären Sie nicht. Dagegen wird protestiert, die Stimmung käme schon, das würde man gemeinsam schon hinkriegen. Insgeheim sagt sich der Gastgeber, daß man sich um diesen Gast besonders kümmern muß. Von der Liste der „Atmosphäre-Träger" ist er wohl zu streichen. Die Wiederholung Ihrer Absage findet schon offenere Ohren. Was ist, wenn der Gastgeber vielleicht wegen bester Laune etwas in der Sensibilität getrübt ist? Erzählen Sie weitschweifig und in allen Einzelheiten von der Aufgabe, wegen der Sie absagen möchten. Es ist kaum möglich, Sie zu stoppen. Der Gastgeber, der Sie ja gewinnen möchte, wird sich hüten, gegen Ihr Anliegen zu sein – er weiß ja, wie sehr Sie davon erfüllt sind. Plötzlich durchzuckt es ihn, daß Sie sich am Abend möglicherweise ebenso verbreiten. Da werden die anderen früh gehen. Seine Augen werden sich weiten, wenn Sie halb im Selbstgespräch überlegen, daß Sie eigentlich doch kommen sollten. Nun machen Sie es gnädig. Erklären Sie kurz und bestimmt, daß Sie der netten Einladung leider nicht Folge leisten können. Der Gastgeber ist erleichtert. Er wird Ihnen um den Hals fallen. Der Abend ist gerettet. Bei der Verabschiedung spüren Sie tiefe, ehrlich gemeinte Dankbarkeit.

Vorsicht, Telefon!

Der eigene Anruf stört nicht. Sie können den Zeitpunkt bestimmen, das Thema, der Anrufer hat das Recht, das Gespräch zu beenden. Handelt es sich um einfache Informations-, Abstimmungs-, Hallo-wie-geht's-Telefonate, stört auch Angerufen-Werden nicht. Lästig sind allenfalls die beliebigen Zeitpunkte. Störend sind gut vorbereitete Anrufer, die einen in einen ganzen Themenkomplex verwickeln wollen und Stellungnahmen erwarten. Die Umbahnung auf das, was den Anrufer bewegt, das ist ja seine Absicht, ist ziemlich sicher. Danach wird man wieder zurück in die Ausgangsposition müssen. Am gefährlichsten sind die, die Weitreichendes kurz fassen. Man glaubt, es handele sich um etwas Einfaches, zeigt sich bereit, und schon ist man mittendrin. Die hohe Verdichtung des Gesprächs frißt viel Energie. Sie fehlt dann dem Projekt, auf das man sich eigentlich konzentrieren wollte.

Die einfachste und unfeinste Methode ist es, sich verleugnen zu lassen. Ebenso ist die Handlungsweise zu bewerten, den Hörer beiseite zu legen, eine Zahl zu wählen und das Besetztzeichen für sich arbeiten zu lassen. Halbfein ist es, den Anrufbeantworter einzuschalten, obwohl man da ist. Unfein wird es wieder, wenn man mithört, wer da spricht und was er will, um über ihn zu entscheiden, ob man gnädigerweise nicht doch den Hörer abnimmt. Einer Verzweiflungstat kommt es gleich, wenn jemand das Telefon in die Schublade verstaut und ein Kissen darüber preßt. Abwegig ist der Gedanke nicht, irgendwo im Haus eine telefonfreie Zone einzurichten.

Der beste Schutz ist wieder, sich uninteressant zu machen. Zuerst wird man dem Anrufer zu verstehen geben, daß nicht er, sondern der Zeitpunkt des Anrufs ungelegen kommt. Ein Teil der Gesprächspartner wird auf die Diskussion ihrer Angelegenheiten verzichten. Die Hartnäckigen werden die Dringlichkeit betonen oder daß sie unbedingt und jetzt etwas loswerden müssen. Hüten Sie sich, emotional einzusteigen. Begleiten Sie den ersten Teil des Telefonats, wo beschrieben wird, worum es geht, mit nichtssagenden Worten wie: „Aha, so, hm, das kann ich mir gut vorstellen, das ist schwer vorzustellen, was es alles gibt." Würden Sie die Füllwörter in Abständen nicht gebrauchen, denkt der Anrufer, Sie hören nicht richtig zu, fragt nach, wiederholt. Der Gesprächspartner merkt jedoch, daß keine Kommunikation zustande kommt. Sie greifen nichts auf, gehen auch nicht richtig mit. Zweifel kommt auf, ob es sich lohnt, mit Ihnen zu sprechen. In Erinnerung ist durchaus, was Sie am Anfang gesagt haben. Die Gleichgültigkeit scheint nicht persönlich gemeint zu sein. Wer etwas will und einen glücklich an der Schnur hat, gibt so schnell nicht auf. Wer versteht das nicht, kennt man die Situation doch selber. Der Anrufer wird zur Hochform auflaufen, damit Sie sich seine Angelegenheit zu eigen machen. Sie sollen etwas dazu sagen, sich an der Bearbeitung beteiligen usw. Bleiben Sie bei der farblosen Linie. „Später, das ist jetzt schwierig." Mit Ihnen zu reden, das bringt nichts.

Was ist, wenn die öffentliche Führung eines Selbstgesprächs der Sinn des Anrufs war? Ein selbstgesprächiger Partner hat nicht allzu feine Antennen, was den zwischenmenschlichen Kontext betrifft. Man kann unbeschadet eingreifen und muß es auch, um das Gespräch rasch zu beenden. Eine feste, frohe Stimme wie beim Aufwiedersehen ist einzunehmen. Viele „Alsos" sind zu gebrauchen, „zusammenfassend kann man also sagen, ich danke Ihnen" usw. Der Betreffende kennt das, daß man ihn zum Abschluß drängt, wird lauter reden, Sie nicht hineinlassen, etwas Neues anschneiden oder eine Menge „Lassen-Sie-mich-zum-Schluß-das-noch-Sagen" verbreiten. Reden Sie über ein paar Worte hinweg. Wissen Sie sich gar nicht mehr zu helfen, kündigen Sie dreimal an, daß Sie auflegen müssen und warum. Tun

Sie's nicht. Der Mensch am anderen Gehäuse hat sowieso den Eindruck, daß Sie ein miserabler Zuhörer sind und wird aufgeben.

So richtig langweilig sein

Haben Sie Mut, die Abwehrstrategie auf die Spitze zu treiben? Nun denn! Die folgenden Vorschläge sind für die ganz harten Fälle gedacht und dürften in ihrer Wirkung recht zuverlässig sein.

Langweiler sind freundliche Leute. Sie richten sich gegen niemanden, sind bemüht, nur es dauert alles ein wenig. Und kein Pfeffer. Lernen Sie, sich schleppend zu bewegen. Bis Sie sich auf einen Stuhl gesetzt und wieder erhoben haben, das ist eine größere Angelegenheit. Flottes Hin und Her beim Gespräch ist nicht Ihre Sache. Lassen Sie sich bei einer Antwort eine Spur mehr Zeit, als man es normalerweise erwartet. Sprechen Sie langsam. Zwischendurch denken Sie schon mal über etwas nach, um schließlich den Faden doch wieder aufzunehmen. Höfliche Gegenüber werden entweder die Wände hochgehen oder entnervt einschlafen. Die weniger Höflichen reden dazwischen, wollen Sie in Gang bringen, daß Sie endlich zu Potte kommen. Beide werden etwas seltener das Wort an Sie richten. Günstig ist es, viel von sich selbst zu reden, und zwar möglichst Banales, etwa: „Da hab' ich mir gedacht, du, hab' ich mir gedacht, jetzt guck doch mal zum Fenster raus." Beliebt sind Urlaubserlebnisse, nicht was alles schiefging, das ist ja spannend, sondern was alles schön war, der Sonnenuntergang, die Landschaft und was für leckere Sachen das Lunchpaket enthielt. Sparen Sie nicht mit bekannten Sprüchen, wie zum Beispiel: „Unkraut vergeht nicht, Lachen ist gesund, Geld macht nicht glücklich, aber es beruhigt." Man wird protestieren, sich das nicht länger anhören wollen. Sie aber verstehen das bewußt falsch: „Aber das ist doch wahr, stimmt doch!" Über die neuesten Filme wird gesprochen, Sie verbreiten sich über einen, den alle längst gesehen haben. Spricht jemand begeistert auf Sie ein, bleiben Sie ruhig, entspannen Sie die Gesichtsmuskulatur. Es darf sich bei Ihnen nichts rühren. Mit dem Gesicht ist viel zu machen. Versuchen Sie einmal vor dem Spiegel schlaff auszusehen, gerade daß der Kiefer nicht herunterklappt. Sehen Sie in dieser Verfassung Leute an, die etwas von Ihnen wollen und an Ihnen herumzerren. Nach einem kurzen Durchdreher sind Sie entbehrlich.

Mit Kleidung läßt sich viel machen. Wir meinen nicht die etwas offizielle, abschirmende Richtung. Darin verkörpert sich ja nur ein zurückhaltender Stil, von dem keine Langeweilewirkung ausgeht. Wir müssen schon etwas mehr tun. Lähmend ist der Anblick von jemandem, der sich herausputzt, allerdings mit der vorletzten Mode.

Das Loreley-Syndrom

Die Loreley-Geschichte zeigt eine tragisch-schöne Konzentrationsstörung. In einem Augenblick, wo höchste Aufmerksamkeit gefordert war, nämlich bei den nächtlichen Felsenriffen bei Bacharach, wird ein Schiffer auf verhängnisvolle Weise abgelenkt. Heines Gedicht zieht nicht durch die Beschreibung einer Verlockung in seinen Bann. Die Betroffenheit kommt durch die Situation, in der sich jeder wiedererkennt. Nicht die Loreley ist die Hauptperson, mit der man sich identifiziert, sondern der unglückliche Rheinschiffer.

Das Loreley-Syndrom besteht aus dem Zusammentreffen mehrerer Faktoren:

1. Hohe Anforderungen über längere Zeit, Erschöpfungerscheinungen im Aufmerksamkeitstal, keine Möglichkeit, die Arbeit zu unterbrechen. Da kommt noch ein ganz großes, kaum zu überwindendes Problem.
2. Orientierungsverlust, Fluchtwünsche, psychologisch der „Wunsch, aus dem Felde" zu gehen, einfach alles stehen und liegen lassen, träumen von einem plötzlichen Happy-End.
3. Auf die Abwehr dieses menschlichen Gedankens nicht eingestellt sein, die allgemeine Schwäche und Abwehrschwäche gehen ineinander über.
4. Auftauchen eines Fluchtwegs, Realitätsverlust, Traum und Wirklichkeit verschwimmen.
5. Eine Umbahnung erfolgt. Die Aufmerksamkeit löst sich von der Aufgabe und wendet sich dem Illusionsziel zu. Das ursprüngliche Vorhaben scheitert.

Die Loreley-Lehre

Die Lehre ist, in Zeiten von Schwächezuständen aufgrund zu hoher Beanspruchung trotz allem nicht nur auf die Aufgabe zu achten. Man darf sich nicht völlig von ihr absorbieren lassen. Es muß eine gewisse Energie zur Abwehr von Verführungen reserviert bleiben. Man muß darauf eingestellt sein und nach Möglichkeit entsprechende Vorkehrungen treffen.

Zur Vertiefung wollen wir diesmal den Hintergründen der Loreley-Geschichte nachgehen (siehe Wolfgang Minaty, „Die Loreley").

Das Wort Lore kommt von summen, rauschen, Ley heißt Felsen. Der summende oder – überhöht – singende Felsen war die Loreley von alters her. Die Vorstellung bestand, daß dort Nymphen, Gnome, Zwerge hausen würden. Und man glaubte Stimmen und Orakelsprüche von Berg-, Wald-

und Baumgeistern zu hören. Es gab Wasserwirbel, deren Schall ständig von einem Echo „verfremdet" wurde. Dazu eine Beschreibung von 1645 (Zeiller / Merian):

„Es ziehet sich das Gebürg zu beyden seiten deß Rheins / bey Bingen hinab / nach: vnd vnder Bacharach / so von den Alten der Lurleberg ist genant worden / in welchem Gebürg auch ein sonderbar lustig Echo, oder Widerschall / sich befindet; Item an einem Orth ein Zwirbel im Rhein / von welchem beden vielleicht diser Widerschall herrührt / als wann daselbst der Rhein heimbliche Gäng vnder der Erden hätte."

Loreley

Die gefährlichen Felsenriffe, vor allem unter Wasser, sind heute weitgehend gesprengt. Man kann sich aber gut vorstellen, welche Gefahren zur damaligen Zeit besonders nachts, bei schlechtem Wetter und bei Nebel bestanden haben. Viele Schiffsunglücke werden sich mit dem Fels verbunden haben. Das durch das Echo vielfach hin- und hergeworfene Geräusch des Wirbels, das „Summen und Rauschen" wird die Orientierung zusätzlich erschwert haben. Bei schlechter Sicht dürfte die akustische Position eines Hindernisses, um das das Wasser rauscht, nicht gut auszumachen gewesen sein. Passierte der Schiffer angestrengt von einer langen Fahrt die Felsenge, dürfte er nicht immer die nötige Konzentrationskraft besessen haben.

Clemens Brentano ist der Erfinder der „schönen Lore-Lay" (1800). 1823 schrieb Heinrich Heine in der Zeit der Romantik das Gedicht „Ich weiß nicht, was soll es bedeuten", das sich mit der Komposition von Friedrich Silcher (1835) zu einem weltbewegenden Lied entwickelte.

Ich weiß nicht, was soll es bedeuten,
Daß ich so traurig bin;
Ein Märchen aus alten Zeiten,
Das kommt mir nicht aus dem Sinn.

Die Luft ist kühl und es dunkelt,
Und ruhig fließt der Rhein;
Der Gipfel des Berges funkelt
Im Abendsonnenschein.

Die schönste Jungfrau sitzet
Dort oben wunderbar;
Ihr goldnes Geschmeide blitzet,
Sie kämmt ihr goldenes Haar.

Sie kämmt es mit goldenem Kamme
Und singt ein Lied dabei;
Das hat eine wundersame,
Gewaltige Melodei.

Den Schiffer im kleinen Schiffe
Ergreift es mit wildem Weh;
Er schaut nicht die Felsenriffe,
Er schaut nur hinauf in die Höh.

Ich glaube, die Wellen verschlingen
Am Ende Schiffer und Kahn;
Und das hat mit ihrem Singen
Die Lore-Ley getan.

Akustische Beeinträchtigungen

Lärm und Geräusch auf der einen Seite und akustische Ablenkung auf der anderen Seite unterscheiden sich durch die innere Beziehung, die jemand zu der Störung hat. Ersteres wird während einer Konzentration nur unangenehm empfunden, z. B. Verkehrslärm, Schritte, Türenschlagen, Rascheln mit Zeitungen, „Musik wird störend oft empfunden, dieweil sie mit Geräusch verbunden", sagt Wilhelm Busch. Ist es eine Kassette eigenen Geschmacks, die man auch noch selber eingelegt hat, handelt es sich mehr um eine Ablenkung, eine akustische Verführung. Dazu gehören auch Stimmen aus Gesprächen, an denen man gerne teilnehmen würde. Je nachdem kommt eine andere Art von Störungsabwehr in Frage.

Lärm

Im Grunde gibt es nur die physikalische Lösung: Beseitigung der Störquelle oder sich selber von ihr entfernen bzw. sich gegen sie abschotten.

Gibt es keine Möglichkeit, Lärm zu reduzieren, entsteht Aggression. Sie muß nicht lautstark zum Ausdruck kommen, sie kann auch in einer ständigen leichten Verärgerung bestehen, ein Störpotential, das zu den Dezibel hinzuzurechnen ist. Hier liegt die Chance, wo wir reduzieren können. Wenig Sinn hat es natürlich, daß man sich über den Lärm nicht aufregen soll, er selbst sei schon schlimm genug. Man muß hin zur Störquelle und sich mit ihr beschäftigen. Angenommen, nebenan dröhnt eine Maschine, dann hilft es viel, die Maschine kennenzulernen. Lassen Sie sie sich erklären. Eine Baustelle vor dem Haus verliert ein wenig an Störkraft, wenn man sich einmal mit den Arbeitern und dem Polier unterhält. Was soll da entstehen? Worauf kommt es an? Selbst etwas so Anonymes wie ein Verkehrsstrom verliert seine Aggression durch nähere Beschäftigung. Beachten Sie einmal die Menschen, die in den Autos sitzen. Zählen Sie die Autos pro Minute. Welche Wagen würden Ihnen gefallen? Welche sehen merkwürdig aus? Sitzen Sie wieder am Schreibtisch, ist der Lärm zwar der gleiche, aber er ist eine Spur sympathischer, d. h. erträglicher geworden.

Im übrigen sollten Sie bei einer Wahlmöglichkeit unbedingt auf einen ruhigen Raum achten. In Anbetracht der großen Belastungen, die heute der Lärm darstellt, ist es erstaunlich, wie wenig das Angebot an schallschlukkenden Materialien genutzt wird. Die Auskleidung eines Raums mit Dämmplatten sollte bei einem Lärmumfeld kein gedankliches Problem sein. Ebenso wäre der Austausch von Doppelfenstern durch Dreifachfenster zu nennen. Lärm ist noch immer etwas, was man fatalistisch hinnehmen zu müssen glaubt. Der Gewinn durch gute Schutzmaßnahmen für die Konzentration und damit für das Arbeitsergebnis bzw. seine Verminderung steht dazu in keinem Verhältnis.

Akustische Ablenkung

Viel diskutiert ist das Thema, mit Musik arbeiten, ja oder nein. Die Befürworter sagen, daß es ganz gut ginge und sie nicht gestört seien. Daß es zu schaffen ist, sagt jedoch wenig darüber aus, um wieviel besser die Leistung ohne wäre. Aber wir müssen die Frage differenzieren. Grundsätzlich ist es so, daß von den zehn Autoren, die wir zu dem Thema fanden, alle eine Konzentrationsstörung durch begleitende Musik feststellten, teilweise mit Forschungsergebnissen belegt.

Die Beliebtheit rührt daher, daß Musik, insbesondere die „fetzige", stimulierende Wirkung hat. Das sogenannte Aktivationsniveau wird gehoben, man kommt in Schwung, eine Wachheitsstufe wird erreicht, die günstig für das Arbeiten ist. Bis zu einem gewissen Grad überträgt sie sich auch. Gleichzeitig verringert sich die Qualität des Ergebnisses, da wegen des positiven Erlebnisgehaltes ein Teil an psychischer Energie abgezogen wird. Weiterhin ist eine Gegensteuerung erforderlich, damit man doch einigermaßen bei der Aufgabe bleibt. Wer einfach nicht „hochkommt", für den ist eine schlechtere Leistung mit Musik immer noch besser als gar keine.

Bei monotonen Arbeiten, wo ein Leistungsabfall ohne physische Ermüdung zu befürchten ist, weil stimulierende Neuigkeitsreize fehlen, kann eine musikalische Stimulierung recht hilfreich sein. Bei geistig anspruchsvolleren Arbeiten darf Musik nicht mehr aufreizen. Eine eher diffuse Musik, leise eingestellt, mehr eine erfrischende Berieselung empfiehlt sich allenfalls. Bei noch höheren Beanspruchungen, wozu auch das Lernen gehört, sollte man nur in den Pausen auf die Tasten drücken. In einer Phase der Überlastung ist besondere Vorsicht gegenüber dem Einschalten von Musik geboten, siehe Loreley-Syndrom.

Optische Beeinträchtigungen

Die Gestaltung des Raums beschäftigt uns jetzt. Die Konzentration ist bereits gestört, wenn der Raum, in dem etwas erarbeitet oder besprochen werden soll, noch anderen Funktionen dienen muß. Wir gehen als Leitorientierung von einem reinen Arbeitsraum aus.

Die Konzentration stört, was der Funktion zuwiderläuft. Was wir brauchen, ist eine Produktionsstätte. Es ist etwas herzustellen. Man braucht Bewegungsspielraum, Freiraum. Man muß sich entfalten können. Mühe und damit Konzentrationskraft kostet es, wenn schon zuviel „da" ist. Eine Übermöblierung beeinträchtigt das Denken. Viele Bilder an der Wand, Poster. Ein Schreibtisch, der von Nippes-Gegenständen überfüllt ist, die einen ansehen und sagen: „Bin ich nicht witzig?", erschwert das eigene Denken. In dem Wunsch, die sachlichen, fordernden vier Wände etwas aufzulockern, passiert es, daß des Guten zuviel getan wird und Fluchtwege entstehen. So kann ein wohnlich angestrebter Büroraum auf einmal zum Wohnzimmer umkippen. Eine Anhäufung von lustigen Sprüchen, Zeichnungen und Gegenständen, viele bunte Farben, fröhliche Möbel wecken den Verdacht, daß der Betreffende wieder zurück ins Kinderzimmer möchte. Lauter dunkle Farben, schwere Möbel, schwere Vorhänge, Düsterkeit, wohlgestaltete Papierkörbe sind Ausdruck einer Haltung, daß alles furchtbar ist. Wie soll man in einer Grabkammer etwas zuwege bringen?

Der ideale Arbeitsraum ist hell und freundlich. Er ist spartanisch eingerichtet. An den Wänden darf nur weniges hängen. Decke und Wände empfehlen sich selbstverständlich in Weiß. Aber kein heller Boden. Eine eher dunkle Farbe ist angebracht, aber keine „tote" Farbe. Der Schritt soll sicher sein und keine Aufmerksamkeit erforderlich machen, wie es bei „aufhebenden" beigen, blauen oder roten Tönen erforderlich ist. Eine helle Tapete mit vorsichtigem Dekor ist eine interessante Sache. Sie bietet die Möglichkeit, eine kleine Steuerung der Gemütslage vorzunehmen. Wer sich wegen seiner Ungeduld bei der Konzentration schwertut, könnte beruhigend gegensteuern. Umgekehrt ließe sich eine leichte Aufmunterung an die Wand kleben. Der Eingriff darf nur leicht sein, nicht selber eine Ablenkung darstellen. In gleicher Weise ist die Auswahl von Bildern zu sehen. Nicht nur nach Gefallen, sondern ob von ihnen z. B. eine stabilisierende, entspannende, nach vorn reißende, weitende Wirkung ausgeht. Wichtig ist, daß es nicht immer die gleichen Bilder sind. Man muß sie wechseln. Im Verlauf eines Jahres hat man mit wechselnden Problemen zu tun. Wie gesagt, nur wenige Blickpunkte sind richtig.

Bei den Möbeln ist es nicht so entscheidend, welchen Stil sie haben, sie müssen nur einen haben. Zusammengewürfeltes irritiert. Arbeitsmöbel dürfen weder dekoriert sein noch deprimierend wirken. Das Mobiliar muß einfach sein und Halt vermitteln. Klapprige Beistelltische, windige Regale gehören hinaus. Schränke, Regale, alle Flächen, wo man etwas hinlegen oder verstauen kann, sollten mindestens ein Viertel leere Fläche enthalten. Vergessen Sie nicht eine Laufstrecke. Man muß mal hin und her gehen können oder wissen, daß man es könnte. Was eine Frage der Anordnung der Möbel ist. Sie sollte übrigens von Zeit zu Zeit verändert werden. Es ist erstaunlich, welche entlastende Wirkung davon ausgeht, wenn die Tatsache der langen Fesselung an den Schreibtisch selber zum Störfaktor wird.

Grünpflanzen? Warum nicht, jedoch nur sparsam und keine „toten" Pflanzen wie z. B. Gummibäume. Zu vermeiden ist außerdem die sterile Hydrokultur.

In bezug auf das Licht möchten wir noch einmal die klassische Anordnung von links nach rechts erwähnen. Die Qualität der künstlichen Ausleuchtung läßt heute in der Regel nichts zu wünschen übrig, mit einer Ausnahme, dem Schatten. Die Lichtsituation ist so zu gestalten, daß auch Schatten entstehen, wie sie dem Menschen vom Tagesverlauf her gewohnt sind. Dieses natürliche Element trägt zur geringeren Ermüdung bei. Aber: keine scharfen Schatten.

Abwehrtips			
Störung	Maßnahme		
	1. Grad	2. Grad	3. Grad
Anrufer, die einen zur falschen Zeit in bestimmte Probleme verwickeln.	Zu nichts Stellung nehmen, so daß es für den Anrufer unergiebig wird.	Unterbrechen, zusammenfassen, Verabschiedung nahelegen.	Nach einer Entschuldigung auflegen.
Nach dem Fest wollen einige Freunde noch weiterfeiern.	Versuchen, sich mit einem freundlichen, um Verzeihung bittenden Gesicht zu lösen.	Versuchen, sich mit einem ungehaltenen Gesicht zu lösen.	Versuchen, sich mit einem unendlich langweiligen und bitter-blöden Gesicht zu lösen.
Obwohl Sie im Büro 1000mal gesagt haben, daß Sie dann und dann nicht gestört werden wollen, wird doch in Ihren Bereich eingebrochen. Das tun vor allem die, zu denen Sie ein gutes Verhältnis haben – für sie gelte das doch nicht – und die Sie deswegen nicht anfahren können. Also kommen sie wieder.	Türschild raushängen, daß man durch nichts und niemanden, das Wort eingerahmt und dreimal unterstrichen, gestört werden möchte, dazu Bild eines Tigers im Ansprung auf den Betrachter.	In der Störungssituation nicht besonders schnell zur Sache kommen und helfen. Das ist ein anziehender Vorteil für die Störer. Umständlich sein, sich in unwichtige Details verbeißen, abschweifen, etwas nicht verstehen. Die Störer lernen: Wenn Sie sich auf etwas konzentrieren wollen, sind Sie für anderes nicht zu gebrauchen.	Aufgeben und die konzentrierte Arbeit auf abends oder frühmorgens verlegen.

Störung	Maßnahme 1. Grad	2. Grad	3. Grad
Einsamkeit plagt Sie, während Sie allein mit den Unterlagen am Schreibtisch sitzen. Ständig möchten Sie zum Hörer greifen, Musik anmachen oder hinausgehen.	Aufwertung der Einsamkeit auf Zeit: Konzentriertes Tun als Erlebnis aktiver, freier Entfaltung.	Treffen Sie sich in regelmäßigen Abständen mit netten Leuten. Nicht spontan, sondern länger vorher geplant, damit Sie sich darauf freuen können und die Einsamkeit ohne Ablenkung gemildert wird.	Sie brauchen in Ihrem Raum etwas Lebendiges, aber nicht im ständigen Blickkontakt, nur bei Bedarf, z. B. viel Grün, keine „toten" Gummibäume, sondern eine wilde Hecke. Oder Sie nehmen Ihren Hund mit.
Seltsame Gedanken haben sich festgesetzt und behindern die Konzentration.	Verjagen, wegdrücken, unterstützt durch Selbstgespräche.	In eine andere Welt eintauchen, bis sich das Problem verflüchtigt hat, z. B. durch Unterhaltung mit Leuten, Lesen, Musik.	Analyse: Gedanken ausschwingen lassen, näher beleuchten, Ursachenforschung, dadurch die Verspannung auflösen.
In Ihrer Nähe zieht ein Mitmensch ständig die Nase hoch und schluckt den Schnadder ab.	Demonstrativ die Nase putzen.	Papiertaschentücher besorgen, fragen, ob man aushelfen darf.	Gegenangriff: Stöhnen, Schnalzen, Spucken, Rülpsen ... ein Potpourri menschlichen Seins zur Darbietung bringen, bis er geht oder man sich einigt.

Störung	Maßnahme		
	1. Grad	2. Grad	3. Grad
Für den nächsten Tag ist unbedingt etwas auszuarbeiten. Dagegen steht eine lustlos fade Verfassung. Angst vorm Fernsehen kommt auf, daß es einen wieder hineinzieht in den Sessel. Und daß man per Fernbedienung lieber die anderen handeln läßt. Da man nicht deren Chef ist, bringt es nichts.	Gönne mir als Ersatz eine Schallplatte, und zwar mit aufbauender Musik. Wenn die aus ist, geht's los.	Stabilisieren, Widerstandskräfte aktivieren: Spaziergang um den Block, wer bin ich denn, kalt und warm duschen, etwas essen.	Erleben Sie einen ausgiebigen Fernsehabend, aber unter der Bedingung, daß Sie es mit einem schlechten Gewissen tun. Denken Sie an die liegengelassene Arbeit. Am nächsten Tag verbindet sich Katastrophe und Fernsehmißbrauch wenigstens zu einer abgerundeten pädagogischen Lerneinheit.
Man will sich mit Ihnen streiten. Aber Sie verlieren Ihre Konzentration, wenn Sie so darauf eingehen, wie es nötig wäre.	Kontakt vermeiden, nicht provozieren lassen, an Wichtigeres denken, die Zeit arbeiten lassen.	Verständnis für die Position des Streitpartners zeigen, dafür auch um Verständnis für eine spätere Auseinandersetzung bitten.	Laut und unbeteiligt einen Riesenwirbel veranstalten und noch eins draufsetzen.
Lärm, mit dem man eine Weile leben muß.	Verstärkte Konzentration auf die Aufgabe.	Ohrenstöpsel.	Lärmschutzkopfhörer, wie sie bei der Arbeit mit Preßlufthämmern verwendet werden.
Sie sind verliebt. Es ist Ihnen unmöglich, sich auf die Arbeit zu konzentrieren.	Da ist nichts zu machen.		

Pausengestaltung

Die Pause, die uns schon in verschiedenen Kapiteln beschäftigte, ist ein wertvolles Instrument zur Verbesserung der Gesamtleistung. Wir haben wieder das Wort Instrument gebraucht, da es sehr auf ihren geschickten Einsatz ankommt und darauf, womit man die Zeit gedanklich und tätigkeitsmäßig verbringt. Das Optimum ist zu finden zwischen dem Erholungswert und der nicht zu vermeidenden Lockerung der Beziehung zur Arbeit. Im ungünstigsten Fall ist man zwar topfit, hat aber die größten Probleme, sich wieder auf die Aufgabe zu konzentrieren. Wenn man gut „drin" ist, ist die Inkaufnahme von etwas herabgesetzter Leistung vorteilhafter, als den Verlust des noch vorhandenen Schwungs zu riskieren. Man kann ja „nachheizen". Hinzu kommt, daß jede Pause, d. h. das Weggehen von der Aufgabe, auch eine Verführung darstellt. Und im Zustand größerer Müdigkeit, wo man eine Pause dringend benötigen würde, ist man allzugern bereit, sich angenehmeren Dingen zuzuwenden (siehe Loreley-Syndrom).

Fast wichtiger, als auf die selbstverständliche Notwendigkeit von Erholungszeiten hinzuweisen, ist es, sich dieses Problem bewußt zu machen. Die Befürchtungen unserer Befragten waren groß, womit wir nicht gerechnet hatten. Die Frage hatte gelautet: „Thema Pausen. Wie sind da Ihre Erfahrungswerte?"

> Pausen sind schlecht; in der besten Zeit soll man keine Pausen machen; solange die Moral stimmt, sind Pausen hinderlich; kleine Pausen machen mich faul; arbeite 12 Stunden hintereinander; lieber lange Pausen von ein paar Tagen; bei zu langen Pausen ist es schwierig, sich wieder einzuarbeiten; Pausen sind schlecht, weil meist viel zu kurz; die Pausen werden meist länger als geplant; Ratschpausen lenken mich von der Arbeit ab; wenn ich in der Pause außer Haus gehe, ist es schwierig, wieder anzufangen; wenn man unter Druck steht, soll man keine Pausen machen; je stärker ich mir eine Pause wünsche und denke, mir platzt der Kopf, um so enttäuschter bin ich vom Ergebnis; mache keine Pause; lieber halbes Tempo und dranbleiben; wenn ich Pausen machen würde, würde ich sie unendlich ausdehnen (lieber 4–5 Stunden hintereinander arbeiten); keine Pause, bis der Schreibtisch aufgearbeitet ist; bei Druck, Spannung arbeite ich 10 Stunden hintereinander; mache keine Pausen, weil ich nicht weiß, was ich in der Pause machen soll.

„Angst" vor der Pause wäre die falsche Schlußfolgerung. Im Einzelfall ist jedoch zu entscheiden, ob auf das Instrument einmal zu verzichten ist.

Pauseninhalt

Deutlich ist geworden, was wir bereits ansprachen, daß eine Pause keine aufregenden Inhalte haben darf. Sie würden eine mühsame Neueinstellung erforderlich machen.

Am besten ist: ein wenig Bewegung, Sauerstoff, small talk, vielleicht etwas essen, nichts Besonderes durch den Kopf gehen lassen, in irgend etwas blättern, zum Fenster hinaussehen. Mehr braucht es nicht.

Pausenarten

Die regelmäßige Pause steht der Unterbrechung nach Bedarf gegenüber. Der erste Typ bringt eine gute Rhythmisierung der Arbeit, z. B. alle Stunde, alle zwei Stunden. Man freut sich schon auf den nächsten Stopp wie auf ein Teilziel. Das feste Gerüst ist außerdem ein guter Schutz gegen Abschweifungen. Für gleichförmige Arbeiten ist die Taktierung unbedingt zu empfehlen. Große Pausen wie Mittagspause, die ihre physiologische Bedeutung haben, sind sowieso fest zu verankern.

Die Pause nach Bedarf ist richtig bei zusammenhängenden Aufgabenkomplexen. Dadurch wird das befürchtete Abreißen verhindert. Ein anderer Bedarf ist die Erreichung eines Aufmerksamkeitstals. Ehe man weiterkrebst, sollte man kurz aussteigen. Mancher liebt die regelmäßige Pause gerade zur Unterbrechung von zusammenhängenden Blöcken. Sie werden dadurch handhabbarer. Man ist dem Zwang enthoben, unter Umständen endlos warten zu müssen.

Verschiedene Funktionen der Pausenlänge:

Kurze Pausen	5 Minuten, jede ¾ Stunde, keine Entfernung von der Arbeit, Fenster auf. Ist auch mit Erledigungen auszufüllen, z. B. etwas einordnen, ein (unwichtiges!) Telefonat.
Mittlere Pause	20 Minuten, 2 oder 3 Stunden sollten vergangen sein. Es empfiehlt sich, den Arbeitsplatz zu verlassen, z. B. um ein paar Schritte ins Freie zu gehen oder irgendwo einen Kaffee zu trinken.

Lange Pause	Eine Stunde mittags, abends oder wenn man festsitzt. Vollständiges Abschalten erforderlich. Man muß etwas essen. Hinterher ein paar Schritte gehen. Der Neubeginn ist nicht so schwer, wenn auf dem Schreibtisch alles gut vorbereitet ist. Zum Einstieg eine leichte Arbeit bereitlegen.

Im übrigen dürfen wir auf das Kapitel „Entspannung" verweisen.

Fallstudien

Aus der Basisstudie zu diesem Buch dürfen wir einige ausgewählte Gespräche vorstellen. Die Befragten berichten anschaulich über ihre Erfahrungen bei der Bemühung um Konzentration, der Voraussetzung jeder Leistung. Der persönliche Gewinn liegt im Vergleich mit den eigenen Erlebnissen, so daß ein indirekter Erfahrungsaustausch möglich ist.

Insgesamt wurden 55 Befragte aus unterschiedlichen Alters-, Berufs- und Ausbildungsgruppen befragt. Allen gemeinsam war eine Tätigkeit bzw. ein Anspruch, die mit hohen Anforderungen an die Konzentration verbunden war. Ein Wort noch zu den Fragen. Wir standen vor dem Problem, daß zwar viel über die heutigen Schwierigkeiten bei Konzentration gesagt worden ist bis hin zur Kulturkritik, daß aber nur einzelne Aspekte – und die sehr gründlich und von vielen Autoren – untersucht worden sind.

Uns interessierte einfach: Was hat heute welchen Einfluß auf die Konzentration, äußere Umstände, innere Faktoren; Ingangkommen, Störungen, Abbruch, welche Maßnahmen sind erfolgreich; Pausengestaltung; Höchstleistungen; Wesen der Konzentration.

1. *Freier Bauingenieur, 31 Jahre (Baustatik für Stahlbau, Erdölraffinerien, Kaminbau, Maschinenbau u. a.)*

Wir interessieren uns für Ihre Arbeit, weil sie ein hohes Maß an Konzentration erfordert. Worauf kommt es bei Ihrer Arbeit besonders an? Worauf achten Sie? Welche Probleme gibt es? Wie verhalten Sie sich?

Möglichst schnell erfassen, worauf es ankommt. Alles aufgliedern in einzelne Baugruppen. Schnellstens eine komplizierte Konstruktion so einfach aufzulösen, daß eine möglichst rasche Lastabtragung ins Fundament bei einfachster Konstruktion und wirtschaftlicher Bauweise möglich ist. Ein amerikanischer Brückenbauer sagte: „Ein Bauingenieur ist ein Mann, der für einen Dollar das herstellt, für welches andere zwei Dollar brauchen würden." Ich frage mich, wie beginne ich konstruktiv mit dem Bau, was berechne ich zuerst, Wand, Platte, alles miteinander in Beziehung bringen.

Katalysator-Reformer einer Raffinerieanlage

Und worauf kommt es an, damit Sie sich gut auf etwas konzentrieren können? Was spielt alles mit?

Wenn man merkt, daß man vorwärts kommt, daß es läuft, darf man nicht gestört werden. Kein Telefon: 1. alle, die was von mir wollen, was nichts mit dem Beruf zu tun hat, 2. Leute, die mit dem Beruf zu tun haben, aber keine Ahnung haben, 3. angebliche Spezialisten. Kein Radio. Alle Unterlagen liegen auf dem Schreibtisch, alles muß abgeklärt sein, worum es geht. Etwas hintereinander machen, nicht durch andere Arbeiten stören. Hilfsmittel müssen funktionieren, Tuscheschreiber in Ordnung, Computer nicht kaputt.

Was erschwert Ihre Konzentration, was ist ungünstig?

Anzeichen: Wenn ich mich verschreibe, z. B. statt 7,5 12,5, das häuft sich dann, dann kann ich gleich wieder ins Bett gehen.
1. Grund: Es läuft zu gut, man ist schon einen Schritt weiter und konzentriert sich nicht so.
2. Grund: Wenn man am Abend vorher saufen war, viel Bier, Rauchen.
Private Streits (mit der Freundin verkracht), wenn unlösbare Probleme da sind, am schlimmsten sind Herabsetzungen, unangemeldete Besucher, die Kaffee trinken wollen, Geschichten erzählen. Jemand zeigt, was er veröffentlicht hat, das unterbricht.

Eine andere Frage: Was machen Sie so in der Zeit, wenn Sie nicht arbeiten?

Sehr viel lesen, philosophieren, täglich spazierengehen, wandern einmal die Woche, einmal die Woche Stammtisch.

Haben Sie schon einmal erlebt, daß sich Ihre Konzentrationskraft nach einer gewissen Zeit (Wochen, Monate) veränderte? Daß sie entweder schlechter oder besser wurde?

Ich sehe nichts, die Sehkraft verschlechtert sich, ich verschreibe mich. Grund: Wenn vorausgehende Überbelastung, 20 bis 24 Stunden.

Sie sind in einer aktuellen Situation, in der Sie sich sehr konzentrieren müssen. Sie spüren, wie Ihre Konzentrationskraft nachläßt. Beschreiben Sie bitte, wie es Ihnen ergeht.

Ärgere mich, weil ich gerne weitergemacht hätte. Höre schlagartig auf, gehe spazieren, man ist körperlich desolat, kann nicht einschlafen.

In einer solchen Lage kann man verschiedenes tun. Wie ist das bei Ihnen? Was hat sich alles bewährt? Was können Sie empfehlen?

Bude saubermachen. Konsequent aufhören. Kaffee, weil er den Körper erwärmt. Man friert, wenn man so lange sitzt, der Kreislauf geht runter. Trinke auch viel Säfte.

Beim Konzentrieren kommt es ja darauf an, die ganze Kraft auf eine Sache oder ein Ziel zu konzentrieren, und zwar für eine mehr oder weniger lange Zeit. Alles übrige muß man „ausblenden"! Das ist nicht immer einfach. Wie machen Sie das?

Beginne mit Seite 1, schreibe gleich die Seitenzahlen darauf, kann dadurch verweisen, danach gehe ich. Feststellen am Anfang: Was wird von mir verlangt, dazu Handskizzen, zerschneide den Bau in einzelne Baugruppen, halte die Reihenfolge ein, den Kräfteverlauf. Die Vorbereitungsarbeiten sind für mich wichtig.

Sagen Sie etwas über das Anfangen, das Hineinkommen in eine Aufgabe. Erfahrungen, Probleme, was hat sich bewährt?

Sich alles in Ruhe anschauen, auf sich einwirken lassen. Das Zerschneiden der Bauteile (= Gliedern). Den Schwierigkeitsgrad der einzelnen Arbeiten bestimmen, sich darüber klar sein, wenn nicht, nachfragen. Man stellt sich dann darauf ein, das Problem aufzulösen, einfacher zu machen.

Sie werden von innen abgelenkt, durch Gedanken, die kommen usw. Wie ist das? Was läßt sich tun?

Der Stolz, das kann nicht jeder, Euphorie, das stört. Man muß sich zurücknehmen, die Energie sparen, verteilen.

Wo können Sie sich am besten konzentrieren? Welche Erfahrungen haben Sie gemacht?

Ein ruhiger, abgeschlossener Raum. Nicht zu heller Raum. Am besten ohne Telefon. Ein kahler Raum, leere Wände, um die Pläne sehen zu können. Nicht zu großer Raum. Ideal: Schreibtisch mit vier Seiten.

Thema Pausen. Wie sind da Ihre Erfahrungswerte?

Wenn ein Bauteil abgeschlossen ist.

Pausen werden länger und die Arbeitszeit kürzer, je länger man arbeitet, der Körper holt sich das. Zehn Minuten Pause, Kaffee trinken oder fünf Minuten auf dem Balkon stehen und frische Luft atmen, runtergucken.

Erinnern Sie sich bitte an Höchstleistungen, wo Ihre Konzentrationsfähigkeit extrem gefordert war.

Z. B. ein Kamin für ein großes Krankenhaus. Mache das in One-way von Anfang bis Ende. Habe ganz wenige Teile gemacht und eine architektonisch schöne Form gesucht. Es gibt keinen besonderen Kampf.

Zum Schluß darf ich Sie bitten, zwei Bäume zu zeichnen.
Baum 1: Sie verlieren die Konzentration. Das Ergebnis ist negativ. Zeichnen Sie den Zustand in Form eines Baumes.
Baum 2: Es gelingt Ihnen bis zum Schluß, sich hervorragend zu konzentrieren.
Was wollten Sie zum Ausdruck bringen?

Unkonzentrierter Zustand

Beginnt mit geradem Stamm, verzweigt sich wenig, ist belaubt, keine klaren Linien, man sieht noch nichts, es bewegt sich alles frei, man verliert die Lust.

Konzentrierter Zustand

Gerader Stamm teilt sich in verschiedene Äste und Wege auf, Blätter sind weggelassen, weil sie sowieso vom Baum abfallen, Blätter würden stören.

2. *Chefsekretärin, 42 Jahre*

Wir interessieren uns für Ihre Arbeit, weil sie ein hohes Maß an Konzentration erfordert. Worauf kommt es bei Ihrer Arbeit besonders an? Worauf achten Sie? Welche Probleme gibt es? Wie verhalten Sie sich?

Auf Genauigkeit und Grammatik kommt es an. Sprachgewandtheit am Telefon ist wichtig. Es ist ein Problem, alle Arbeiten unter einen Hut zu bringen. Für mehrere oder alle Mitarbeiter gleichzeitig da zu sein, da muß man sehr diplomatisch sein. Da hilft nur, ein- bis zweimal gut durchatmen, dann kann man sich wieder besser konzentrieren. Ich verhalte mich so, daß ich mir sage: „Immer eins nach dem anderen." Ich rede mir gut zu.

Worauf kommt es an, was ist günstig, damit Sie sich gut auf etwas konzentrieren können? Was spielt alles mit?

Günstig ist es, allein in einem Zimmer zu arbeiten und Ruhe zu haben. Keine Hektik, kein Telefon bzw. das Telefon wird von einer anderen Person abgenommen. Da aber immer Hektik herrscht, versuche ich stur abzuschalten. Ich denke nur an eine Sache. Ich mache meinen Mitmenschen klar, daß ich jede Person nur hintereinander „befriedigen" kann. Man muß gut ausgeschlafen sein. Man darf sich nicht krank fühlen.

Was erschwert Ihre Konzentration? Was ist ungünstig?

Das ist eben die Hektik, für fünf Leute gleichzeitig etwas erledigen zu sollen. Telefon stört, Computer mit Drucker, Kopierer usw. Wenn andere Leute sich im Raum unterhalten, kann man sich schlecht konzentrieren. Eine schlechte Betriebsatmosphäre stört die Konzentration. Schlechte Luft im Raum ist nicht gut, und wenn es im Raum zu warm ist, wird man müde.

Führen Sie eine Art Kontrolle über Ihre Konzentrationsleistungen durch?

Ja, die Form ist tageweise unterschiedlich. Schlecht ist sie bei Kopfweh und privaten Problemen. Ich versuche, mich zu zwingen, konzentriert zu arbeiten, da ich immer in Zeitdruck bin.

Die Dinge, die mich stören, halte ich für die wichtige Zeit fern, z. B. in der Zeit von Konferenzen.

Wenn es zeitmäßig geht, mache ich fünf Minuten Pause. Ich öffne das Fenster und stiere vor mich hin. Ich versuche, die Gedanken, die ich jetzt nicht gebrauchen kann, in eine Schublade zu stecken. Ich atme tief durch, dann ist der Kopf auch etwas leichter.

Eine andere Frage: Was machen Sie so in der Zeit, wenn Sie nicht arbeiten?

Bücher lesen, Zeitung lesen, in Theater, in Ausstellungen gehen. Zur Entspannung sehe ich in den TV. Ich gehe spazieren und spiele Tennis. Zu gegebener Zeit faulenze und schlafe ich. Ich führe gern ein schönes, angenehmes Gespräch. Mit guten Freunden, der Familie etwas unternehmen, und zwar etwas, das auch meine Wünsche berücksichtigt.

Kennen Sie folgende Situation: Eine mehr oder weniger lange Zeit war man keinen besonderen Anforderungen ausgesetzt. Auf einmal beginnt eine Zeit, wo es auf die volle Konzentration ankommt! Wie ergeht es einem da?

Situation: langer Urlaub. Vor dem Urlaub lief alles seinen normalen Gang. Man war an seinen Rhythmus gewöhnt. Nach dem Urlaub läuft man nur langsam an. Das geht schon beim Aufstehen morgens los. Mit der Arbeit geht es langsamer voran. Nach einer gewissen Zeit spielt sich alles wieder ein. Die Umstellung auf Urlaub ist viel leichter als die Umstellung auf Arbeit. Man fühlt sich frustriert. Man fühlt sich wie ausgelaugt nach der Arbeit.

Haben Sie schon einmal erlebt, daß sich Ihre Konzentrationskraft nach einer gewissen Zeit (Wochen, Monate) veränderte? Daß sie schlechter oder besser wurde?

Dies ist sehr unterschiedlich. Es gibt Zeiten, da verbessert sich die Konzentration. Nach einem langen Urlaub und längerer Einarbeitungszeit kann man sich besser konzentrieren. Wenn man kurz vor einem Urlaub ist, ist man wirklich ausgepumpt und hat nicht mehr die Kraft, sich zu konzentrieren. Nach einer längeren schweren Krankheit hat man wieder mehr Schwung und Mut zum Leben. So ist der Wille wieder mehr vorhanden, und das wirkt sich positiv auf die Konzentration und auf die Arbeit aus.

Mit zunehmendem Alter wird die Konzentrationskraft schwächer. Ich kann mich am besten zwischen 11 und 13 Uhr mittags und am späten Abend konzentrieren. Im Büro bin ich jedoch gezwungen, mich den ganzen Tag zu konzentrieren. Morgens und nachmittags ab 16 Uhr ist es für mich sehr schwierig. Alle meine Arbeiten für die Prüfungen habe ich deshalb mittags und abends bzw. nachts gemacht.

Sie sind in einer aktuellen Situation, in der Sie sich konzentrieren müssen. Sie spüren, wie Ihre Konzentrationskraft nachläßt. Beschreiben Sie bitte, was jetzt eintritt, wie es Ihnen ergeht.

Auf jeden Fall weiterarbeiten und versuchen, seine sieben Sinne zusammenzuhalten. Es ist gut, etwas langsamer zu arbeiten oder eine kurze Kaffeepause zu machen. Ich fühle mich in einer solchen Lage müde und total leer im Kopf. Ich bekomme Schmerzen und Verkrampfungen in den Schultern. Mein Kopf brummt und ist total taub.

In einer solchen Lage kann man verschiedenes tun. Wie ist das bei Ihnen? Was hat sich alles bewährt? Was können Sie empfehlen?

Wie ich schon sagte, eine kleine Pause einlegen, Kaffee oder Tee trinken. Erholsam ist, ein kurzes Gespräch führen über ein ganz anderes Thema. Oder eine andere Arbeit erledigen, die einfach zu machen ist. Tief durchatmen, frische Luft hilft. Für kurze Zeit lasse ich die Gedanken einfach „laufen". Ich versuche, an nichts zu denken. Etwas herumlaufen ist nützlich und sich strecken.

Beim Konzentrieren kommt es ja darauf an, die ganze Kraft auf eine Sache oder ein Ziel zu konzentrieren, und zwar für eine mehr oder weniger lange Zeit. Alles übrige muß man „ausblenden". Das ist nicht immer einfach. Wie machen Sie das?

Sehr intensiv an sein Aufgabengebiet denken, total stur seine Arbeit erledigen und auf die anderen, störenden Faktoren nicht achten. Bevor ich anfange, mich auf eine Arbeit zu konzentrieren, überlege ich, welche Gedanken könnten mich überraschen. Diese Gedanken denke ich ausführlich aus, oder ich notiere mir die Gedanken. So habe ich einen freien Kopf für meine Arbeit. Man muß total geradeaus denken, nicht nach rechts und nicht nach links denken. Man muß stur mit sich sein.

Sagen Sie etwas über das Anfangen, das Hineinkommen in eine Aufgabe. Erfahrungen, Probleme, was hat sich alles bewährt?

Die Thematik genau überdenken, daß kein Fehler passiert.

Alle Sachen, die man zu seiner Arbeit braucht, zurechtlegen. Mit frischem Mut anfangen, ausgeschlafen die Arbeit beginnen. Nicht abgehetzt zur Arbeit kommen. Langsam und ruhig die Arbeit angehen. Zuerst mit einer einfachen Arbeit beginnen und dann die Leistung staffeln.

Sie werden von innen abgelenkt, durch Gedanken, die kommen usw. Wie ist das? Was läßt sich tun?

Daß man zu sich selbst sagt, dieser Gedanke ist im Moment unwichtig. Man schiebt ihn weg. Gedanken, die an eine andere Arbeit erinnern, notiere ich mir. So ist es aus dem Kopf. Gegen die Ablenkung hilft, vor Beginn der Arbeit alles zu notieren, was man heute und in den nächsten Tagen erledigen will. Oder ich lege die Arbeit hin und atme ein paarmal bei geöffnetem Fenster tief durch. Danach arbeite ich weiter. Ich fange dabei die richtigen Gedanken ein und halte sie dann fest. Am besten ist es, man setzt sich an seinen Arbeitsplatz und fängt erst den richtigen Gedanken ein, bevor man zu arbeiten beginnt.

Wo können Sie sich am besten konzentrieren? Welche Erfahrungen haben Sie gemacht?

Ich fühle mich wohl und kann mich besser konzentrieren in einem hellen Raum mit hellen, freundlichen Möbeln. Kein Neonlicht. Bilder an der Wand mit warmen Farben. Bequemer Stuhl. Das Arbeitsmaterial muß gut sein.

Thema Pausen. Wie sind da Ihre Erfahrungswerte?

Wenn man zur Atemtechnik ein Glas Wasser trinkt, beruhigt das schnell. Tiefes Durchatmen wirkt erleichternd. Jeder muß sich seine Pause selbst einteilen können und auch wie lange, z. B. fünf Minuten, halbe Stunde usw. Wenn es geht, soll man „locker" über seine Arbeit denken. Dadurch verkrampft nichts. Man bekommt eine bessere Konzentration und benötigt weniger Pausen.

Erinnern Sie sich bitte an Höchstleistungen, wo Ihre Konzentrationsfähigkeit extrem gefordert war.

Ich machte eine Fahrprüfung in einem fremden Land und hatte nur mangelhafte Sprachkenntnisse. Das Führerschein-Prüfungsbuch hatte ich in der Fremdsprache gelesen und fühlte mich sehr unsicher. Für die Vorbereitung war sehr wenig Zeit. Ich bekam Angstzustände, ob ich z. B. die Fragen verstehen würde, das Problem der Fachausdrücke.

Während der Prüfung ist es mir plötzlich egal gewesen, ob ich es schaffe oder nicht. Ich schätzte die andere Person, den Prüfer ein. Zutrauen fand ich zu mir selbst, als ich sah, daß es den anderen Prüflingen nicht anders erging.

Danach empfand ich Erleichterung und Befreiung vom seelischen Druck. Ich war in Sektstimmung, Prüfung bestanden.

Zum Schluß darf ich Sie bitte, zwei Bäume zu zeichnen.
Baum 1: Sie verlieren die Konzentration. Das Ergebnis ist negativ. Zeichnen Sie diesen Zustand in Form eines Baumes.
Baum 2: Das Ergebnis ist positiv.
Was wollten Sie zum Ausdruck bringen?

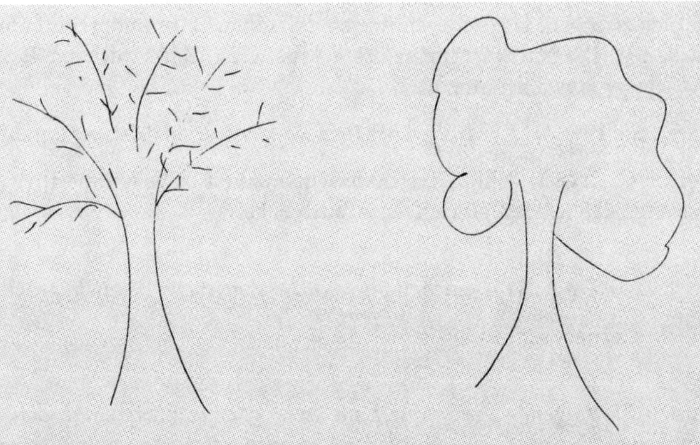

Unkonzentrierter Zustand

Fühle mich trostlos, wie der Baum, der seine Blätter (= seine Kraft) verliert.

Konzentrierter Zustand

Fühle mich beschwingt und heiter. Einfache, schnelle Sache, die reibungslos vonstatten ging.

3. *Medizinstudent, 25 Jahre*

Wir interessieren uns für Ihre Arbeit, weil sie ein hohes Maß an Konzentration erfordert. Worauf kommt es bei Ihrer Arbeit besonders an? Worauf achten Sie? Welche Probleme gibt es? Wie verhalten Sie sich?

Lexikalisches Wissen, systematisches Lernen, Notizen müssen nach sinnvollem System geordnet sein, so daß man gleich alles findet, daß ich nur das Notwendige lerne und das Überflüssige drumherum ausklammere. Ich bin ein totaler Chaot und habe Schwierigkeiten, ein richtiges System für mein Studium zu finden, was wohl zum Teil daran liegt, daß ich sehr leicht lerne. Ich bin oft unsicher, wie ich das ganze Pensum am besten bewältigen kann. Lerne am Anfang ein bißchen hier, ein bißchen da, bis ich alles in den Griff bekomme.

Und worauf kommt es an, was ist günstig, damit Sie sich gut auf etwas konzentrieren können?

Innere Ausgeglichenheit, keine privaten Probleme. Gleichbleibende Geräuschkulisse, Freunde um mich herum, auch wenn ich nicht mit ihnen spreche, Musik. Überschaubarkeit des Stoffes. Termine wie Kino, Parties, die mich zwingen, in einer bestimmten Zeit einen bestimmten Stoff durchzuarbeiten. Die Nacht ist meine beste Arbeitszeit. Kann mich am Tag nur sehr schwer konzentrieren.

Führen Sie eine Art Kontrolle über Ihre Konzentrationsleistung durch?

Eher nein. Das ist wohl meine Inkonsequenz und Unbekümmertheit. Ich bin sicher, daß ich das, was ich lerne, auch behalte.

Eine andere Frage: Was machen Sie so in der Zeit, wenn Sie nicht arbeiten?

Gedichte lernen, sehr intensiv malen.

Kennen Sie folgende Situation: Eine mehr oder weniger lange Zeit war man keinen besonderen Anforderungen ausgesetzt. Auf einmal beginnt eine Zeit, wo es auf die volle Konzentration ankommt. Wie ergeht es einem da?

Ich stehe jetzt vor dem 2. Staatsexamen, habe aber seit dem 1. Examen nicht viel getan. Die Anlaufzeit, bis ich wieder richtig konzentriert lernen kann, ist bei mir sehr lang, mindestens zwei Wochen. Ist diese Hürde überwunden, lerne ich sehr lange – mindestens sechs Stunden – sehr konzentriert, behalte auch alles, was ich gelernt habe.

Haben Sie schon einmal erlebt, daß sich Ihre Konzentrationskraft nach einer gewissen Zeit (z. B. Wochen, Monate) veränderte? Daß sie entweder schlechter oder besser wurde?

Bei mir läßt die Konzentrationskraft in intensiven Lernzeiten mindestens nach ca. zwei Wochen nach. Dann mache ich einen Tag Pause, schalte völlig ab und stürze mich auf die nächsten zwei Wochen.

Sie sind in einer aktuellen Situation, in der Sie sich sehr konzentrieren müssen. Sie spüren, wie Ihre Konzentrationskraft nachläßt. Beschreiben Sie bitte, was jetzt eintritt, wie es Ihnen ergeht.

Ich werde sehr nervös, kann aber eigentlich keine Innenaufnahme zeigen. Bei Nervosität fällt mir Händezittern und Magensausen ein, und das habe ich dann reichlich. Das ist allerdings selten der Fall.

In einer solchen Lage kann man verschiedenes tun. Wie ist das bei Ihnen? Was hat sich alles bewährt? Was können Sie empfehlen?

Ich rauche eine Zigarette, das beruhigt immer.

Beim Konzentrieren kommt es ja darauf an, die ganze Kraft auf eine Sache oder ein Ziel zu konzentrieren, und zwar für eine mehr oder weniger lange Zeit. Alles übrige muß man „ausblenden". Das ist nicht immer einfach. Wie machen Sie das?

Ich brauche auch Ablenkung, wenn ich sehr konzentriert lernen muß. D. h., ich „blende nicht aus". Ich kürze das Ausgehen, Malen usw. etwas. Brauche aber Termine, damit ich weiß: „Aha, so lange mußt du lernen, aber dann hast du wieder deine Ruhe."

Sagen Sie etwas über das Anfangen, das Hineinkommen in eine Aufgabe. Erfahrungen, Probleme, was hat sich bewährt?

Ich bin, wie gesagt, ein Chaot. Ich setze mir einen Termin, an dem ich mit dem Lernen anfangen muß. Dann bringe ich zwei Wochen hinter mich, in denen ich fast nichts tue, nur rumtrödle. Dann rücken die Prüfungstermine näher, und ich weiß, daß mir gar nichts anderes mehr übrigbleibt, als zu lernen. Verspüre ich diesen Druck, ist es auf einmal kein Problem mehr, mich zu konzentrieren – mit dem entsprechenden Krach um mich herum.

Sie werden von innen abgelenkt, durch Gedanken, die kommen usw. Wie ist das? Was läßt sich tun?

Ich habe z. Z. das Problem, daß sich meine Freundin von mir getrennt hat. An Lernen ist nicht zu denken. Ich brüte vor mich hin und weiß nicht, warum das passiert. Ich kann nichts dagegen tun. Muß warten, bis ich das Ganze verarbeitet habe.

Wo können Sie sich am besten konzentrieren? Welche Erfahrungen haben Sie gemacht?

In der Küche (Wohnküche). Große, gemütliche Küche. Freunde um mich herum, die sich unterhalten, etwas spielen, laute Musik. Obwohl ich mich nicht an der Unterhaltung beteilige, brauche ich die Geräuschkulisse um mich herum, um mich konzentrieren zu können.

Thema Pausen. Wie sind da Ihre Erfahrungswerte?

Ich mache eine Pause, wenn ich mich nicht mehr konzentrieren kann. Dann male ich oder lerne ein Gedicht. Ist mir ein bestimmter Teil des Bildes, das ich gerade male, gut gelungen oder kann ich das Gedicht auswendig, dann setze ich mich wieder hin und lerne wieder gut weiter.

Erinnern Sie sich bitte an Höchstleistungen, wo Ihre Konzentrationsfähigkeit extrem gefordert war.

Also von Kampf kann man bei mir nicht sprechen. Nur die Anlaufzeit ist ein Problem, bis ich mich eingearbeitet habe. Ich komme aus einer Ärztefamilie, mir ist die „Medizin" vertraut. Deshalb gehe ich mit sehr viel Sicherheit und Ruhe in die Prüfungen. Nervös bin ich fast nie. Außerdem lerne ich sehr leicht. Habe ich die kritischen zwei Wochen hinter mich gebracht, geht alles ganz problemlos.

Zum Schluß darf ich Sie bitten, zwei Bäume zu zeichnen.

Baum 1: Sie verlieren die Konzentration. Das Ergebnis ist negativ. Zeichnen Sie diesen Zustand in Form eines Baumes.

Baum 2: Es gelingt Ihnen bis zum Schluß, sich hervorragend zu konzentrieren.

Was wollten Sie zum Ausdruck bringen?

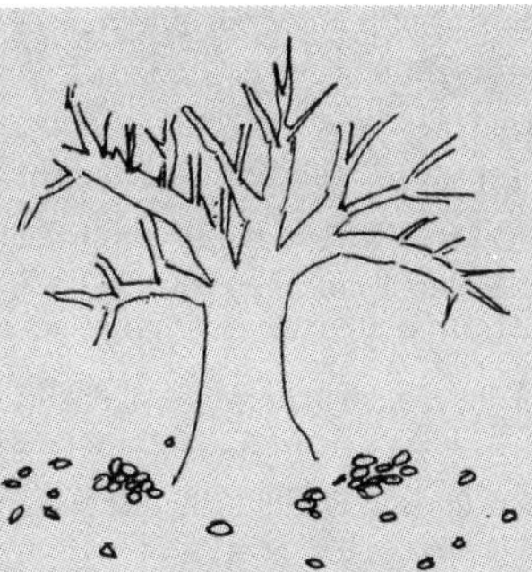

Unkonzentrierter Zustand

Ich habe es nicht geschafft. Deshalb ein kahler Baum, alle Blätter sind abgefallen. Trostlos. Kalt.

Konzentrierter Zustand

Ich habe alles erledigt. Deshalb ein prächtiger, großer Baum mit sehr, sehr vielen Blättern.

4. *Zahnärztin, 42 Jahre*

Wir interessieren uns für Ihre Arbeit, weil sie ein hohes Maß an Konzentration erfordert. Worauf kommt es bei Ihrer Arbeit besonders an? Worauf achten Sie? Welche Probleme gibt es?

Das mir gesetzte Ziel nicht aus den Augen zu verlieren, z. B. sechs Kronen in zwei Stunden. Sich nicht ablenken lassen von Nebenproblemen des Patienten, weil die Patienten vor dem Hauptproblem Angst haben: Kiefergelenkerkrankungen, Knochen im Kiefergelenk, weiß nicht, was es ist, aber das Beheben ist mit Unannehmlichkeiten des Patienten verbunden. Jetzt lenkt er ab, daß es ihm bei einem anderen Zahn bei heiß und kalt weh tut. Sehe es mir an, könnte zusammenhängen, weil der darauf knirscht und preßt. Sage dem Patienten, daß dies nicht von Bedeutung ist, daß es jetzt um das Hauptproblem geht.

Und worauf kommt es an, was ist günstig, damit Sie sich gut auf etwas konzentrieren können?

Geistige Gesundheit. Daß ich sicher bin in meiner Aufgabe, daß ich weiß, das kann ich. Wenn ich beim Tennismatch jemanden geschlagen habe, dann bin ich in Hochstimmung. Impetus, um etwas anzupacken. Kein Knatsch mit meinem Mann. Meine beiden Eltern sind an Krebs gestorben, ohne meinen Mann ginge es gar nicht, mein Mann gibt mir Unterstützung. Ein geplanter und geordneter Zeitablauf. Arbeitslisten, Zettel, was zu tun ist, Unterstreichungen. Wirtschaftliche Sicherheit: Ein neuer Patient kommt, der vorige hat abgesagt, das Wartezimmer ist leer, der neue denkt, da ist niemand, die Praxis geht nicht.

Was erschwert Ihre Konzentration, was ist ungünstig?

Wenn ich nicht sicher bin, wie ich eine Behandlung anfangen soll, noch nicht oft gemacht habe, dann bin ich unkonzentriert. Das Telefon, weil man von einem Thema weg ins andere hinein muß, technische Mängel in der Ausrüstung. Die Stühle, mit denen wir hin und her fahren, die haben so eine komische Bremse, die bremst im falschen Moment. Unsympathische Patienten: Unhöflich und ungepflegt, wenn jemand ausspült und in den Raum spuckt.

Führen Sie eine Art Kontrolle über Ihre Konzentrationsleistung durch?

Eher ja. Ob ich in der Zeit bin. Ich sehe das Ergebnis, z. B. beim Abdruck der Krone, ob Wellen oder Macken.

Eine andere Frage: Was machen Sie so in der Zeit, wenn Sie nicht arbeiten?

Tennis, Motorradfahren. Schlafen, viel schlafen. Lesen, lange Romane, z. B. lange südamerikanische Romane mit vielen Namen. Alle sechs Wochen machen wir eine Woche zu. Urlaub einmal fünf Wochen, dann noch kürzerer Urlaub im Jahr.

Kennen Sie folgende Situation: Eine mehr oder weniger lange Zeit war man keinen besonderen Anforderungen ausgesetzt. Auf einmal beginnt eine Zeit, wo es auf die volle Konzentration ankommt?

Kommt nicht vor.

Haben Sie schon einmal erlebt, daß sich Ihre Konzentrationskraft nach einer gewissen Zeit (z. B. Wochen, Monate) veränderte? Falls ja, wie kam das?

Ja, das ist abhängig von meinem Gefühlsleben. Man muß die Ursachen beheben. Anspannung ist insgesamt wichtig, dann kann ich leichter weiterfahren.

Beim Konzentrieren kommt es ja darauf an, die ganze Kraft auf eine Sache oder ein Ziel zu konzentrieren, und zwar für eine mehr oder weniger lange Zeit. Alles übrige muß man „ausblenden". Das ist nicht immer einfach. Wie machen Sie das?

Man soll sich gut kennen und wissen, was einen stört und was einen fördert. Die Dinge im Ansatz verbessern, z. B. bei schwierigen Arbeiten die bessere Helferin nehmen. Schlimm, wenn man mit etwas überrascht wird, z. B. wenn sehr selbstsichere Frauen im Stuhl sind. Oder man macht mir den Vorwurf, ich wäre ein „kalter Brocken". Günstig: Nichtintellektuelle Patienten, da kann man sich auf die Sache konzentrieren.

Sagen Sie etwas über das Anfangen, das Hineinkommen in eine Aufgabe. Erfahrungen, Probleme, was hat sich bewährt?

Über das Rationale geht das. Es ist konkret.

Wo können Sie sich am besten konzentrieren? Welche Erfahrungen haben Sie gemacht?

Ein sachlicher Raum, Stühle, nicht Sessel. Gespannte Körperhaltung, mittleres Licht ohne Schatten.

Thema Pausen. Wie sind da Ihre Erfahrungswerte?

Möglichst wenig Pausen, durcharbeiten.

Erinnern Sie sich bitte an Höchstleistungen, wo Ihre Konzentrationsfähigkeit extrem gefordert war.

Wenn man einen Zahn abbricht beim Extrahieren, weil er morsch ist, und gleichzeitig die Kieferhöhle wegen Knochenschwund und Eiter aufgelöst ist. Dann muß man den Zahnrest mit Instrumenten herausholen. Gefahr: Man stößt ihn in die Kieferhöhle, dann muß die ganze Kieferhöhle aufgemacht werden, Chirurg, Krankenhaus.

Sage „Stopp". – Neue Instrumente auf den Tisch aufbauen, eine zusätzliche Helferin, dann darf niemand ins Zimmer.

Zum Schluß darf ich Sie bitten, zwei Bäume zu zeichnen.
Baum 1: Sie verlieren die Konzentration. Das Ergebnis ist negativ. Zeichnen Sie diesen Zustand in Form eines Baumes.
Baum 2: Es gelingt Ihnen, bis zum Schluß, sich hervorragend zu konzentrieren.
Was wollten Sie zum Ausdruck bringen?

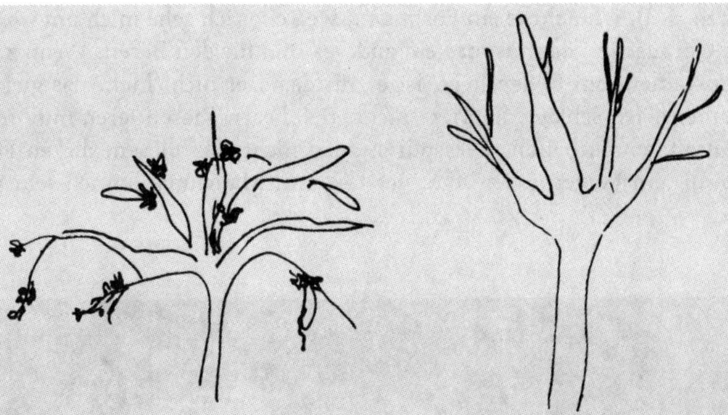

Unkonzentrierter Zustand

Wie im Sessel sitzen, entspannt sein, durch den Wind bewegt werden.

Konzentrierter Zustand

Los, Ziel, gerader Weg, man streckt sich, spannt sich fast muskulär an.

5. *Dompteur, 42 Jahre*

Wir interessieren uns für Ihre Arbeit, weil sie ein hohes Maß an Konzentration erfordert. Worauf kommt es bei Ihrer Arbeit besonders an? Worauf achten Sie? Welche Probleme gibt es? Wie verhalten Sie sich?

Alles ist auf 10 bis 15 Minuten konzentriert. Da darf man keinen Fehler machen, z. B. ich nehme ein Postament weg oder ich sehe mich um wegen eines Geräusches, dann ist das ein anderes Bild für den Bären. Wenn z. B. das Postament am Boden liegt, ist es für das Tier nicht mehr das gleiche Postament. Ich schlage die Tiere nicht. Bei diesen Riesentieren muß man mit Intelligenz arbeiten. Die spüren auch nichts bei diesem dicken Fell. Wenn die im Wagen toben, fällt der fast um. Manchmal bin ich sehr genervt.

Und worauf kommt es an, was ist günstig, damit Sie sich gut auf etwas konzentrieren können?

Das Privatleben muß stimmen. Man kann sich nicht 23 Stunden aufregen, 50 Minuten ausruhen vor der Vorstellung und sich dann zehn Minuten konzentrieren können. Die mentale Gesundheit ist wichtig, nicht träumen, keine Illusionen haben, realistisch sein. Viele Dompteure saufen sich vorher einen an, um sich Mut zu machen, dann passieren die Unfälle.

Keine finanziellen Probleme.

Was erschwert Ihre Konzentration, was ist ungünstig?

Alkohol, Drogen, wenig Schlaf, ungelöste Erledigungen, das und das muß ich machen, Termine, Probleme mit meinen Arbeitern. Man findet keine Leute. Es darf keiner kommen vor dem Auftritt und sagen: „Da ist die Scheibe kaputt." Wenn ich in den Käfig gehe, weiß ich, ob es läuft.

In Südamerika hatte ich eine Tigernummer. Es gab da eine Schlägerei, ich mußte zur Polizei usw. Ich wußte, daß heute etwas schiefgeht. Z. B. habe ich am Käfigeingang den mit der Fackel gefragt: „Hast du das Feuerzeug?" Das mache ich sonst nie. Die Tigernummer lief normal. Alle Schritte klappten. Am Schluß ist der letzte Tiger im Laufgang umgekehrt und hat mich angesprungen. Er sah, daß ich nicht auf Draht war, daß ich schwächer war als er. Er mußte so handeln.

Was machen Sie so in der Zeit, wenn Sie nicht arbeiten?

Ich gehe mal in die Stadt. Roller-Disco, man braucht einen extremen Ausgleich. Das ist bei den Politikern auch so: Saufen, Orgien...

Haben Sie schon einmal erlebt, daß sich Ihre Konzentrationskraft nach einer gewissen Zeit veränderte?

Mit zunehmendem Alter wird es schlechter. Ich bin jetzt 42, spüre, daß die Konzentration nachläßt, sie ist nicht mehr so wie bei einem 25jährigen.

Sie sind in einer aktuellen Situation, in der Sie sich sehr konzentrieren müssen. Sie spüren, wie Ihre Konzentrationskraft nachläßt. Beschreiben Sie bitte, was jetzt eintritt, wie es Ihnen ergeht.

Habe mir angewöhnt, ein Problem zu vergessen. Nur wenn es nicht anders geht, dann sofort lösen. Man darf sich gar nicht erst an ein Problem gewöhnen.

In einer solchen Lage kann man verschiedenes tun. Wie ist das bei Ihnen? Was hat sich alles bewährt? Was können Sie empfehlen?

Gehe in meine Garderobe, Tür zu. Dann weiß jeder Bescheid, dann kommt auch keiner. Wenn ich Probleme habe, gehe ich ins Bett und penne. Das Gewicht der Probleme erdrückt mich. Am nächsten Morgen ist dann nur noch die Hälfte von dem Gewicht da.

Beim Konzentrieren kommt es ja darauf an, die ganze Kraft auf eine Sache oder ein Ziel zu konzentrieren, und zwar für eine mehr oder weniger lange Zeit. Alles übrige muß man „ausblenden". Das ist nicht immer einfach. Wie machen Sie das?

Wichtig ist die Vorbereitung vor der Nummer. Ich laufe mit geschlossenen Augen herum, nichts mehr sehen wollen. Nur wenige Minuten. Ideal wären fünf Minuten, mal komplett abschalten.

Nach der Nummer, das ist dann wie zehn Stunden Lastwagenfahren. Wenn da einer kommt und ein blödes Wort sagt, dann schreie ich.

Sagen Sie etwas über das Anfangen, das Hineinkommen in eine Aufgabe. Erfahrungen, Probleme, was hat sich bewährt?

Zum Beispiel, ein Arbeiter macht sauber, und der Bär erwischt ihn mit der Tatze. Dann muß ich tausendprozentig da sein.

In unserem Beruf braucht man Aggression. Es muß immer wie bei einer Rakete sein, bei der hinten immer das kleine Feuer brennt. Dann braucht man nur aufzudrehen, dann ist man da. Das ist wie beim Durchlauferhitzer.

Sie werden von innen abgelenkt, durch Gedanken, die kommen usw. Wie ist das? Was läßt sich tun?

Man wird konzentriert durch das Kommen der Tiere. Da sieht man schon, was los ist, Fauchen, Haare hochstellen. Aber ein Bär hat keine Mimik. Das ist das Problem.

Erinnern Sie sich bitte an Höchstleistungen, wo Ihre Konzentrationsfähigkeit extrem gefordert war.

Je größer die Probleme sind, desto ruhiger werde ich, das ist wie ein Schock. Als der Tiger (s. o.) mich ansprang, war ich weg. Zehn Sekunden. Ich habe nicht gemerkt, wie er mich gebissen hat. Aber dann war ich ganz klar, obwohl der ganze Zirkus geschrien hat. Ich wollte mich wehren und hab' dem

Tiger ins Maul gegriffen und versucht, die Zähne auseinanderzuziehen. Das war nur eine Idee, das hat gar nichts genutzt. Die anderen haben von draußen eine Feuerfackel hineingehalten. Der Tiger lief weg. Dann wurde ich ohnmächtig.

Als ich wieder zu mir kam, sagte ich mir, jetzt weiß ich wenigstens, wie ich mal sterbe. Ich war ganz ruhig. Es war ein phantastisches Gefühl: Ja... wie eine Erlösung. Der Tiger hat mich geschüttelt und mir zwei Wirbel ausgerenkt. Normalerweise wird man dann gelähmt. Die Ärzte wissen auch nicht, warum das nicht der Fall war.

Zum Schluß darf ich Sie bitten, zwei Bäume zu zeichnen.
Baum 1: Sie verlieren die Konzentration. Das Ergebnis ist negativ. Zeichnen Sie diesen Zustand in Form eines Baumes.
Baum 2: Es gelingt Ihnen bis zum Schluß, sich hervorragend zu konzentrieren. Das Ergebnis ist positiv.
Was wollten Sie zum Ausdruck bringen?

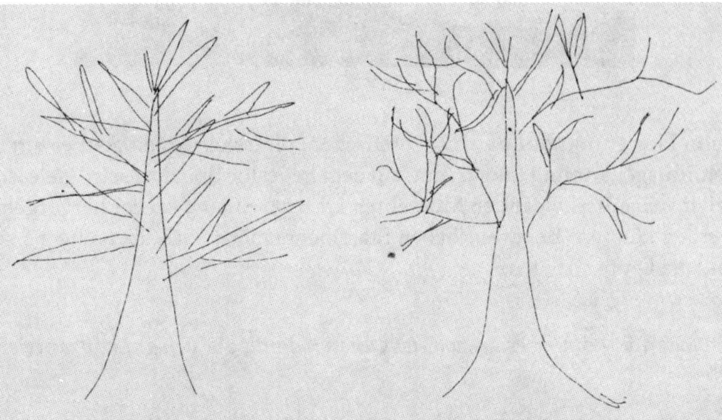

Unkonzentrierter Zustand

Hat etwas Negatives. Hat keine Formen, nur gerade Linien.

Konzentrierter Zustand

Hat Linien und Formen, nicht zu stur, weil man sich ja auf die jeweils neue Situation einstellen muß.

6. *Ethnologin, 39 Jahre*

Wir interessieren uns für Ihre Arbeit, weil sie ein hohes Maß an Konzentration erfordert. Worauf kommt es bei Ihrer Arbeit besonders an? Worauf achten Sie? Welche Probleme gibt es? Wie verhalten Sie sich?

Beim Literaturstudium und theoretischer politischer Arbeit geht es um Erkenntnisgewinnung und darum, auf dem neuesten Stand zu sein. Gelesenes soll in den entscheidenden Momenten präsent sein und wieder hervorgeholt werden können. Bei öffentlichen Statements möchte ich überzeugend sein und die Leute anregen.

Und worauf kommt es an, was ist günstig, damit Sie sich gut konzentrieren können?

Ein Ziel vor Augen haben. Das, womit ich mich beschäftige, muß von mir gewollt sein. Das Ergebnis soll anwendbar sein, soll Nutzen haben, nicht Wissenschaft zum Selbstzweck. Wenn ich genau weiß, unter welchem Aspekt ich ein Buch lesen soll. Darüber hinaus körperliche Fitneß, Freiheit von finanziellen Problemen. Persönliche oder Partnerprobleme sind nicht hinderlich.

Was erschwert Ihre Konzentration, was ist ungünstig?

Zeitdruck, emotionales Interesse an zufällig auftauchenden Aspekten, die nicht unmittelbar zum Thema gehören. In der ersten halben Stunde technischer Lärm (Türenschlagen, Klappern). Rückenschmerzen nach längerem Sitzen. Unterbrechungen wegen Nachschlagens im Fremdwörterlexikon oder anderen Hilfsmitteln. Wenn die Autoren Unsinn schreiben.

Führen Sie eine Art Kontrolle über Ihre Konzentrationsleistung durch?

Ja. Damit ich sehe, ob es sich lohnt, weiterzuarbeiten. Wenn ich nicht gut in Form bin, breche ich ab und mache etwas anderes. Am Anfang ist die Konzentration relativ schwach, nimmt dann zu.

Eine andere Frage: Was machen Sie so in der Zeit, wenn Sie nicht arbeiten?

Tanzen gehen, Hausarbeit, Kochen. Täglich Zeitung und Romane lesen. Ins Kino gehen, zweimal im Monat. Mit den Leuten in der Wohngemeinschaft ratschen, einmal pro Woche spazierengehen, ca. drei Stunden politische Betätigung in der Woche.

Kennen Sie folgende Situation: Eine mehr oder weniger lange Zeit war man keinen besonderen Anforderungen ausgesetzt. Auf einmal beginnt eine Zeit, wo es auf die volle Konzentration ankommt. Wie ergeht es einem da?

Stehe einer Anforderung positiv gegenüber. Nehme die Zeit, in der keine besonderen Anforderungen gestellt werden, nicht so wahr. Werden besondere Anforderungen an mich gestellt, freue ich mich auf die Zeit danach. Ich finde es gut, mich mit neuen Aufgaben beschäftigen zu müssen, mich voll darauf zu konzentrieren. Bin bereit, meine ganze Kraft für die Aufgabe zu verwenden und die äußeren Umstände entsprechend zu gestalten, daß ich mich voll darauf konzentrieren kann.

Haben Sie schon einmal erlebt, daß sich Ihre Konzentrationskraft nach einer gewissen Zeit (z. B. Wochen, Monate) veränderte? Daß sie entweder schlechter oder besser wurde?

Je länger ich an einer Sache arbeite, um so besser wird die Konzentrationskraft, weil eine gewisse Regelmäßigkeit reinkommt, weil ich gelernt habe, wie ich rangehe, weil die Anforderung alltäglich wird. Stelle mich ganz auf die Anforderung ein, mich zu konzentrieren. Fehlendes Interesse am Stoff, z. B. früher die Pflichtsachen für die mündliche Prüfung, führt dazu, daß die Konzentration nachläßt.

Sie sind in einer aktuellen Situation, in der Sie sich sehr konzentrieren müssen. Sie spüren, wie Ihre Konzentration nachläßt. Beschreiben Sie bitte, was jetzt eintritt, wie es Ihnen ergeht.

Ich werde müde, versuche, die Müdigkeit mit Kaffee zu bekämpfen. Bei Zeitdruck gerate ich in Panik, denke, ich muß unbedingt weitermachen, werde nervös, Angst, es nicht zu schaffen.

In einer solchen Lage kann man verschiedenes tun. Wie ist es bei Ihnen? Was hat sich alles bewährt? Was können Sie empfehlen?

Ist kein Zeitdruck da, höre ich auf, beschäftige mich in längeren Pausen mit praktischen Tätigkeiten: in der Stabi (Staatsbibliothek) Sichtgeräte benutzten, Briefe schreiben, zu Hause aufräumen. Wenn ich was Praktisches gemacht habe, werde ich wieder wach. Wenn ich etwas von Anfang an nicht überschaue, Panik bekomme, sage ich mir, okay, jetzt lese ich das nochmal, frage auch Leute dazu, überlege, wie ich mich daran vorbeischummeln kann; mit weiterführender Literatur verstehe ich es später oft doch. Wenn ich merke, ich bin nicht gut konzentriert, mache ich zur Kontrolle mehr Notizen.

Bei Zeitdruck versuche ich eine Art Autosuggestion: sage mir, ich muß das noch weitermachen. Esse Schokolade, um den Zuckerspiegel zu heben.

Beim Konzentrieren kommt es ja darauf an, die ganze Kraft auf eine Sache oder ein Ziel zu konzentrieren. Und zwar für eine mehr oder weniger lange Zeit. Alles übrige muß man „ausblenden". Das ist nicht immer einfach. Wie machen Sie das?

Richte mein Leben danach aus, um einen äußeren Rahmen für gute Konzentration über einen längeren Zeitraum zu schaffen. Viel schlafen, Arbeitspausen, Ernährung. Genehmige mir eine Belohnung für längere Konzentration. Spazierengehen, Kino, Leute treffen mit gutem Gewissen. Kann mit geistiger Beschäftigung privaten Kummer verdrängen.

Sagen Sie etwas über das Anfangen, das Hineinkommen in eine Aufgabe. Erfahrungen, Probleme, was hat sich bewährt?

Bei Referaten: Literatur suchen, vertraut werden mit dem Thema, ohne Druck, als Anlaufphase. Jeden Tag eine halbe Stunde Anlaufphase zum Lesen. Gut ist räumliche Distanz, aus der Wohnung in die Stabi. Beginne möglichst mit der neuesten Literatur. Durch die Begeisterung neige ich eher dazu, Sachen überstürzt, unüberlegt anzugehen, ohne Plan vorher, Schwierigkeiten eher gegen Ende. Sehe, es wäre besser, etwas systematischer an eine Sache ranzugehen.

Sie werden von innen abgelenkt, durch Gedanken, die kommen usw. Wie ist das? Was läßt sich tun?

Das ist unangenehm. Es sind auch meistens unangenehme Gedanken, wie Geld. Versuche, eine Pause zu machen, wenn ich vorher schon längere Zeit gearbeitet habe. Passiert das beim Einstieg, wechsle ich das Buch, statt Exzerpieren Tippen, oder ich mache was anderes, die Arbeit betreffend.

Wo können Sie sich am besten konzentrieren? Welche Erfahrungen haben Sie gemacht?

Leute um mich haben, die auch arbeiten (Stabi). Sehe, daß andere auch Schwächen haben. Zu Hause ist die Gefahr der Ablenkung, was anderes zu machen, groß. Kann gut bei Freunden lernen, wo ich allein in einem Zimmer bin. Ich brauche Ruhe. Einen Tisch mit Büchern, wo ich meine Sachen ausbreiten kann. An den Raum habe ich keine bestimmten Ansprüche.

Thema Pausen. Wie sind da Ihre Erfahrungswerte?

Pausen sind wichtig. Normalerweise mache ich nach sechs Stunden Pause oder wenn ich mich nicht mehr konzentrieren kann. Im Kollektiv waren die Pausen vorher festgelegt.

Erinnern Sie sich bitte an Höchstleistungen, wo Ihre Konzentrationsfähigkeit extrem gefordert war. Uns interessieren Beispiele mit positivem und negativem Ausgang, woraus man lernen kann.

Die mündliche Magisterprüfung. Vorher extreme Müdigkeit wegen dem Bewußtsein, daß allein die Konzentration ausschlaggebend ist. Schwierigkeiten mit der Wortwahl, Konzentration darauf, die Sätze zu Ende zu reden. Das Gefühl: Wettlauf mit der Zeit. Das Ergebnis ist relativ unwichtig für den Moment, Hauptsache, die Zeit vergeht und die Spannung ist vorüber. Dann zunehmende Sicherheit mit Ablauf der Zeit. Dazwischen völlige Gleichgültigkeit über das Gelingen oder Mißlingen. Mitentscheidend für Nervosität bei Anforderungen ist, ob die Sache mich persönlich betrifft, z. B. Prüfungen, oder ob ich für eine Sache spreche, z. B. öffentlich, in Interviews etc. Bei Prüfungen ist „danach" alles erledigt, bei öffentlichen Statements fängt erst mit der beendeten Handlung der Streß an bezüglich der Akzeptanz. Hier besteht noch längere Zeit nach der Anforderung Streß über den Ausgang. Er führt zu Selbstzweifeln, schlechter Laune oder zu Überschwenglichkeit.

Nützlich ist Wissen, Konzentration ohne Wissen nützt nichts. Je mehr Wissen, desto leichter fällt die Konzentration in Streßzuständen.

Zum Schluß darf ich Sie bitten, zwei Bäume zu zeichnen.
Baum 1: Sie verlieren die Konzentration. Das Ergebnis ist negativ.
Baum 2: Es gelingt Ihnen bis zum Schluß, sich hevorragend zu konzentrieren. Das Ergebnis ist positiv.
Was wollten Sie damit zum Ausdruck bringen?

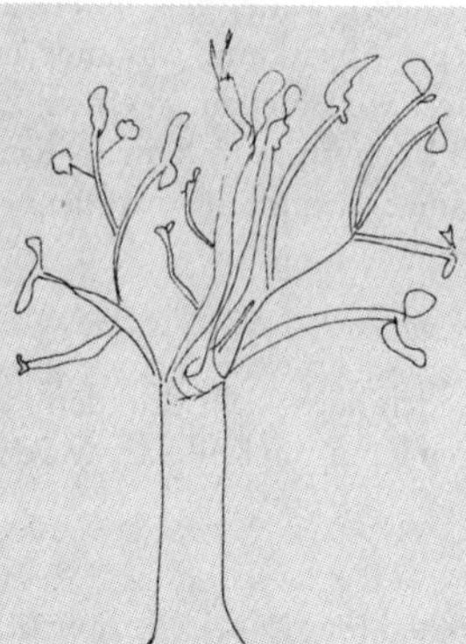

Unkonzentrierter Zustand

Verkümmertes Bäumchen an einem Bächlein.

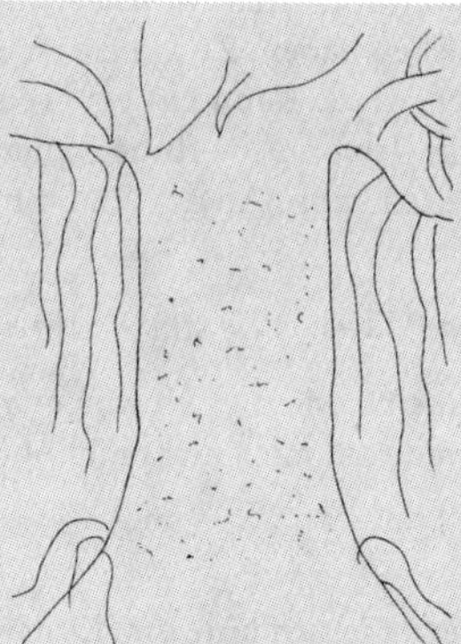

Konzentrierter Zustand

Urwald, großer Stamm, riesengroß, Lianen, alles ist üppig.

7. *Artdirektor (in Werbeagentur), 34 Jahre*

Wir interessieren uns für Ihre Arbeit, weil sie ein hohes Maß an Konzentration erfordert. Worauf kommt es bei Ihrer Arbeit besonders an? Worauf achten Sie? Welche Probleme gibt es? Wie verhalten Sie sich?

Es geht um Teile der Persönlichkeit. Das Ergebnis soll meine Persönlichkeit zum Ausdruck bringen, meine eigene Art wiedergeben. Dabei muß ich bestimmte Gesetze beachten: z. B. das Briefing (= Aufgabenstellung). Ich versuche, das Briefing auf meine eigene Persönlichkeit zu modifizieren, mit meinen eigenen Gedanken und Arbeitsweisen.

Und worauf kommt es an, was ist günstig, damit Sie sich gut auf etwas konzentrieren können? Was spielt alles mit?

Wenn die Aufgabenstellung und der Anforderungsmodus klar formuliert sind. Wenn Spielraum im Anforderungsmodus ist und wenn klar ist, was man *nicht* erreichen möchte. Gute atmosphärische Strömung, zum Beispiel gut drauf sein, das heißt ausgeglichener Zustand. Man darf seine eigene Person nicht so sehr in den Mittelpunkt stellen, dann geht die Kritikfähigkeit verloren. Keine privaten Probleme. Möglichkeit, sich zurückzuziehen, mal ganz allein sein, persönlicher Freiraum zum Nachdenken, indem man in seiner Arbeitszeit bestimmte Sperrstunden gegenüber anderen setzt.

Was erschwert Ihre Konzentration, was ist ungünstig?

Berufliche Störfaktoren: Wenn zu viele Leute an einem Projekt arbeiten und gleichzeitig die Aufgabe nicht klar ist. Wenn meine Arbeitsweise und Organisation von anderen durchbrochen wird. Wenn jemand in die „Sperrstunde" hineinplatzt und Dinge hinterfragt, die warten können. Wenn neue Aufgaben kommen, danach geht nichts mehr. Mehrere Probleme auf einmal lösen. Oder man bekommt nur Teilinformationen, so denkt man u. U. falsch. Ärger, alles ist kaputt, es handelt sich nicht um leichte Korrektur. Schlechte Tagesform, wenn ich sehr hohl bin. Krankheiten, z. B. Grippe, Fieber, Erkältung, die Vorphase. Wenn man noch nicht den Schlüssel gefunden hat, die Aufgabe für sich zu vereinnahmen, die Identifikation mit der Aufgabe.

Führen Sie eine Art Kontrolle über Ihre Konzentrationsleistung durch?

Ja. Kann gut arbeiten, wenn alle Leute On-line arbeiten, alles ist gut vorbereitet. Das ist wie in der Küche: Jeder hat seine Aufgabe, der eine ist für Saucen zuständig, der andere für das Gemüse, die Tagesbeilagen, die Verfeinerung. Das Ergebnis muß abgeschmeckt sein, alles muß zeitlich stimmen.

Eine andere Frage: Was machen Sie so in der Zeit, wenn Sie nicht arbeiten?

Ich denke über neue Zutaten nach, arbeite neue Konzepte aus, denke, welche Lösungsmöglichkeiten könnte ich anbieten. Wunschprojekt, was war in der Vergangenheit, was könnte man besser machen, Manöverkritik, mehr Zeit, daß man Alternativen hätte andenken können. Fernsehen, Zeitschriften lesen. Kontakte pflegen und auffrischen. Orte aufsuchen, wo man sich wohl fühlt, z. B. Bars, Kurzurlaub nach Paris, New York, in Lokale gehen, Abendessen, Theater besuchen.

Kennen Sie folgende Situation: Eine mehr oder weniger lange Zeit war man keinen besonderen Anforderungen ausgesetzt. Auf einmal beginnt eine Zeit, wo es auf die volle Konzentration ankommt. Art der Situation vorher, nachher. Wie ergeht es einem da?

Momente des Glücksgefühls. Man kriegt wieder das Gefühl, wichtig zu sein. Alles hat Aufforderungscharakter. Wenn nicht du, wer sonst, es ist wieder Frischfleisch da. Die Zeit des Dosenfutters ist vorbei.

Haben Sie schon einmal erlebt, daß sich Ihre Konzentrationskraft nach einer gewissen Zeit (z. B. Wochen, Monate) veränderte? Daß sie entweder schlechter oder besser wurde? Falls ja, wie kam das?

Kraft ist Sache der Motivation, sie wird beeinträchtigt, wenn an Kompetenz und Vorgehensweise gezweifelt wird, wenn Lösungen in Frage gestellt werden. Dagegen hilft, die eigene Vorgehensweise zu demonstrieren, Fallbeispiele. Nicht eine Lösung, sondern mehrere anbieten.

Sie sind in einer aktuellen Situation, in der Sie sich sehr konzentrieren müssen. Sie spüren, wie Ihre Konzentrationskraft nachläßt. Beschreiben Sie bitte, was jetzt eintritt, wie es Ihnen ergeht.

Frustriert, man spürt die eigene Grenze.

In einer solchen Lage kann man verschiedenes tun. Wie ist das bei Ihnen? Was hat sich alles bewährt? Was können Sie empfehlen?

Wechseln zu einer anderen Aufgabe. Neuorientierung, lege das Problem zur Seite, suche angenehme Orte auf, beschäftige mich mit privaten Dingen, Ablenkungsmanöver.

Beim Konzentrieren kommt es ja darauf an, die ganze Kraft auf eine Sache oder ein Ziel zu konzentrieren, und zwar für eine mehr oder weniger lange Zeit. Alles übrige muß man „ausblenden". Das ist nicht immer einfach. Wie machen Sie das?

Sich in die Aufgabe hineindenken. Auf persönliche Weise denke ich mich in Zielgruppen hinein, wofür können die das Produkt verwenden. Material sammeln, alles, was mit der Aufgabe zu tun hat, wie haben andere Leute das Problem gelöst, Vorauswahl von negativen und positiven Beispielen, dadurch seinen eigenen Spielraum abstecken, welche Wege nicht... Das Ergebnis der Materialsammlung den Mitarbeitern mitteilen. Für örtlichen und zeitlichen Freiraum sorgen, z. B. Produkt beobachten am Point of sales, in Zeitschriftenshops. Die innere Einstellung ist wichtig.

Sagen Sie etwas über das Anfangen, das Hineinkommen in eine Aufgabe. Erfahrungen, Probleme, was hat sich bewährt?

Wenn man sich Übersicht verschafft hat, geht es besser. Dann Bestimmung des persönlichen Stils: Bin mir dann im klaren, was die Aufgabe erfüllen soll. Jetzt bist du dran. Stelle klar, was soll das Endergebnis der Arbeit sein: 1. Thema nicht verfehlt, 2. höchstmöglichen Grad, das Briefing zu erfüllen, 3. daß die Arbeit beste Qualität hat. Das Briefing übertreffen.

Sie werden von innen abgelenkt, durch Gedanken, die kommen usw. Wie ist das? Was läßt sich tun?

Wenn man zur gleichen Zeit mehrere Dinge tut. Bei seelischen Störungen, z. B. Klaustrophobie (Beengtheit, mehrere Leute in einem Raum, zu großer Informationsfluß als Klaustrophobie). Unvorhergesehene Probleme mit dem Partner. Den Arzt aufsuchen, oder man entfernt sich.

Wo können Sie sich am besten konzentrieren? Welche Erfahrungen haben Sie gemacht?

In einem leeren Raum, spartanisch eingerichtet, aber funktionell. Leere Wände, um etwas im Geist hinzuhängen. Hell und sonnig. Alles Mobiliar in der Mitte zentriert, damit man da herumlaufen kann, das tue ich auch gedanklich. Ein freundlicher, großer Raum mit zwei bis drei Fenstern. Möglichkeit, in dem Raum auf- und abzugehen, spazierenzugehen.

Thema Pausen. Wie sind Ihre Erfahrungswerte?

Mehrere kurze Pausen am Tag, 15 bis 30 Minuten. Ich stelle den Lösungsansatz in Frage, versuche mich in die Stimmung hineinzubringen, das Problem von anderer Seite aufzuzäumen. Ich höre Musik, rufe Leute an. In Pausen von zwei bis drei Stunden treffe ich Leute, Kino, Bier.

Erinnern Sie sich bitte an Höchstleistungen, wo Ihre Konzentrationsfähigkeit extrem gefordert war.

Problem: Unstimmigkeiten in der Zusammenarbeit. Scheiße kam dann heraus. Eine falsche Meinung über jemanden bildet sich: „Wir sind nicht mehr gut." Die weitere Zusammenarbeit wurde von der Lösung der nächsten Aufgabe abhängig gemacht.

Aufgabe: Einem Produkt einen Namen zu geben und daraus einen Verkaufserfolg zu ermöglichen. Man versucht, die reelle Aufgabenstellung noch näher zu präzisieren, dann Möglichkeiten getestet, alle Spielarten, die Beilagen, ausprobiert und verworfen, alles unsicher. Eine Woche vor der Präsentation beim Mittagessen, Wein, losgelöst über Fernsehsendungen gesprochen, z. B. Miami Vice. Kaum war das Wort gefallen, ging der Gedankenprozeß los: Wie wäre es, wenn man das kaufen könnte, Lizenzprodukt. Da ging es Schlag auf Schlag, Layouts sind erstellt worden, Sätze. Das Ergebnis kam an.

Zum Schluß darf ich Sie bitten, zwei Bäume zu zeichnen.
Baum 1: Sie verlieren die Konzentration. Das Ergebnis ist negativ.
Baum 2: Es gelingt Ihnen bis zum Schluß, sich zu konzentrieren. Das Ergebnis ist positiv.
Was wollten Sie damit zum Ausdruck bringen?

Unkonzentrierter Zustand

Konzentration ist total angesägt. Man hat das Gefühl, das Ganze kippt um. Da hat einer gesägt.

Konzentrierter Zustand

Alles ist voll in Blüte, Bodenständigkeit, gesunde Wurzeln, prachtvolles Laub, gesunder Stamm.

8. *Brokerin, 51 Jahre*

Wir interessieren uns für Ihre Arbeit, weil sie ein hohes Maß an Konzentration erfordert. Worauf kommt es bei Ihrer Arbeit besonders an? Worauf achten Sie? Welche Probleme gibt es? Wie verhalten Sie sich?

Schnelles Erfassen von wirtschaftlichen Zusammenhängen und Umsetzung der gesammelten Informationen. Muß Anlage-Strategie erarbeiten. Habe eine große Verantwortung gegenüber den Kunden. Probleme? Die richtige Entscheidung treffen, die weitreichende Konsequenzen hat.

Und worauf kommt es an, was ist günstig, damit Sie sich gut konzentrieren können?

Ich brauche ehrliche und faire Arbeitskollegen. Muß ungestört arbeiten können. Brauche die Kooperationsbereitschaft aller Mitarbeiter. Und am wichtigsten ist ein harmonisches Privatleben, keine größeren Meinungsverschiedenheiten mit dem Partner.

Was erschwert Ihre Konzentration, was ist ungünstig?

Die Unruhe eines Großraumbüros.

Führen Sie eine Art Kontrolle über Ihre Konzentrationsleistung durch?

Nein. Ich tue regelmäßig etwas für meine geistige Fitneß. Halte mich körperlich durch gute, hochwertige Nahrung in Form. Lerne manchmal ein Gedicht oder irgendeine Seite aus einem Buch auswendig.

Eine andere Frage: Was machen Sie so in der Zeit, wenn Sie nicht arbeiten?

Ich mache allerlei Entspannungsübungen. Dazu gehören auch Reisen, Wandern, Schwimmen, Ski-Langlauf. Ich lese Biographien, Klassiker, Reisebücher. Ich interessiere mich für moderne Malerei und höre klassische Musik.

Kennen Sie folgende Situation: Eine mehr oder weniger lange Zeit war man keinen besonderen Anforderungen ausgesetzt. Auf einmal beginnt eine Zeit, wo es auf die volle Konzentration ankommt?

Mußte in diesem Jahr sechs Monate wegen Krankheit aussetzen. Hatte jedoch hinterher nicht die geringsten Schwierigkeiten mit dem sofortigen und vollen Einstieg.

Haben Sie schon einmal erlebt, daß sich Ihre Konzentrationskraft nach einer gewissen Zeit (z. B. Wochen, Monate) veränderte? Daß sie entweder schlechter oder besser wurde?

Konzentriere mich besonders gut nach Kurzurlauben.

Sie sind in einer aktuellen Situation, in der Sie sich sehr konzentrieren müssen. Sie spüren, wie Ihre Konzentrationskraft nachläßt. Beschreiben Sie bitte, was jetzt eintritt, wie es Ihnen ergeht.

Habe ich noch nicht erlebt. Je härter die Forderung, desto besser bin ich da.

Beim Konzentrieren kommt es ja darauf an, die ganze Kraft auf eine Sache oder ein Ziel zu konzentrieren. Und zwar für eine mehr oder weniger lange Zeit. Alles übrige muß man „ausblenden". Das ist nicht immer einfach. Wie machen Sie das?

Lasse mich bei der Arbeit kaum durch äußere Einflüsse ablenken. Ich besitze geistige Disziplin. Falls ich gerade die erwähnten privaten Probleme habe, werde ich durch die Anforderung meiner Arbeit automatisch abgelenkt. Ich setze dann Prioritäten. Sage mir zum Beispiel: „Damit befasse ich mich heute abend."

Sagen Sie etwas über das Anfangen, das Hineinkommen in eine Aufgabe. Erfahrungen, Probleme, was hat sich bewährt?

Wenn ich in mein Büro komme, setze ich mich an meinen Schreibtisch, mache das Wichtigste zuerst. Dann lege ich meinen Arbeitsplan zurecht. Jedenfalls mache ich das Unwichtigere immer zuletzt. Aufputschmittel wie Kaffee oder Zigaretten brauche ich jedenfalls nicht.

Sie werden von innen abgelenkt, durch Gedanken, die kommen usw. Wie ist das? Was läßt sich tun?

Meine Arbeit fesselt mich so sehr, daß keine anderen Gedanken auftreten.

Wo können Sie sich am besten konzentrieren? Welche Erfahrungen haben Sie gemacht?

Es sollte jedenfalls einigermaßen ruhig sein. Die Einrichtung hätte ich gern gemütlich mit viel Holz und Pflanzen, keine kalte, metallische Atmosphäre.

Thema Pausen. Wie sind da Ihre Erfahrungswerte?

Brauche nicht viele Pausen. Jedoch meine ich, daß kurze Pausen für mich erholsam sind. Ich verstehe darunter, daß ich pausieren kann, um zum Beispiel einen Apfel zu essen, weil ich eben acht bis zehn Stunden nicht unentwegt in gleicher Hochform sein kann. Auch mal eine Minute aus dem Fenster sehen hilft oder aus dem Haus gehen und tief atmen. Autogenes Training wäre gut, aber ich kann es nicht.

Erinnern Sie sich bitte an Höchstleistungen, wo Ihre Konzentrationsfähigkeit extrem gefordert war.

Stand einmal unter großem Zeitdruck, eine Aufgabe zu lösen. Mir wurde sogar ein eigener Raum zur Verfügung gestellt, damit ich die Arbeit in Ruhe und rechtzeitig fertigstellen kann. Vorher wußte ich gar nicht, daß ich das kann. Aber ich hatte keine Angst. Sagte mir nur immer: „Das kannst du!" Ich schaffte es tatsächlich und bin daran gewachsen. Dadurch erfuhr ich, daß ich ziemlich belastbar bin.

Zum Schluß darf ich Sie bitten, zwei Bäume zu zeichnen.
Baum 1: Sie verlieren die Konzentration. Das Ergebnis ist negativ. Zeichnen Sie diesen Zustand in Form eines Baumes.
Baum 2: Das Ergebnis ist positiv.
Was wollten sie zum Ausdruck bringen?

Unkonzentrierter Zustand

(Keine Interpretation)

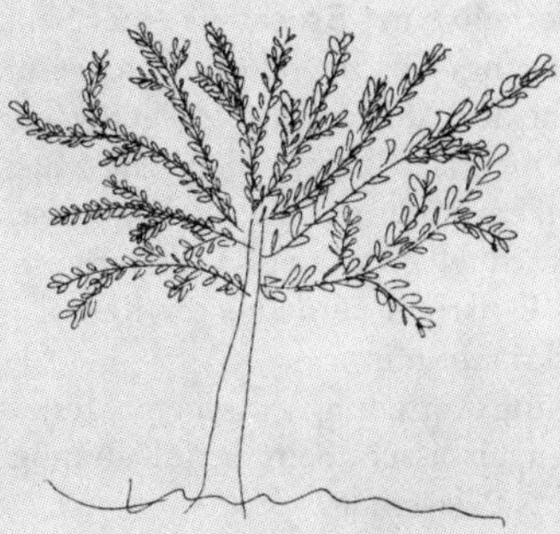

Konzentrierter Zustand

(Keine Interpretation)

9. *Sportschütze, 27 Jahre (Rechtsreferendar, zweimaliger deutscher Meister)*

Wir interessieren uns für Ihre sportlichen Aktivitäten, weil sie ein hohes Maß an Konzentration erfordern. Worauf kommt es bei Ihrem Sport besonders an? Worauf achten Sie? Welche Probleme gibt es? Wie verhalten Sie sich?

Innerhalb eines Bruchteils einer Sekunde muß alles stimmen: Bewegung, Richtung, Geschwindigkeit etc., um zu treffen. Vor dem Abruf der Tontaube den Ablauf sich vergegenwärtigen. Unmittelbar vor dem Abruf völlige mentale Gespanntheit. Die Muskulatur ist dabei gelockert. Jetzt volle Konzentration auf die Taube, optisch und akustisch. Dann die Tontaube blitzschnell erfassen und reagieren. Ein weicher Bewegungsablauf ist wichtig. Es ist ein permanenter Kampf gegen körperliche Gespanntheit bzw. Verkrampfung.

Gute Aufteilung zwischen Schuß – Pause – Schuß. Man darf sich nicht ablenken lassen. Beim Schuß an möglichst wenig denken, auf jeden Fall an nichts Belastendes.

Und worauf kommt es an, was ist günstig, damit Sie sich gut auf etwas konzentrieren können? Was spielt alles mit?

Bekannter Schießstand, Ruhe, sehr gut ausgeschlafen. Eigene Waffe, eigene Gerätschaft. Gutes Wetter, warm, kein Regen. Die Zeit vor dem Schießen muß ich für mich haben. Auf keinen Fall einen Druck spüren, egal, was es ist.

Was erschwert Ihre Konzentration, was ist ungünstig?

Lärm, ungewohnte Atmosphäre, die eher unbehaglich wirkt, Krankheit, eigene schlechte Stimmung, belastende Gedanken. Wenn ein trainierter, gewohnter Rhythmus durch zerbrochene Tauben oder andere Vorgänge, Störfaktoren, verändert wird.

Führen Sie eine Art Kontrolle über Ihre Konzentrationsleistung durch?

Ja. Versuche zu ergründen, woran es liegt, daß ich schlecht schieße. Muß mich fast immer von störenden Gedanken befreien. Darf aber auch nicht zu viel über das Warum nachdenken, da ich ja voll im Schießablauf bin, sonst zu große Ablenkung. Meistens hilft eine Entspannung in der Pause. Und sich sagen: Du schaffst das.

Eine andere Frage: Was machen Sie so in der Zeit, wenn Sie zum Beispiel nicht arbeiten?

Viel Sport, v. a. Tennis und Go-cart-Fahren. Freunde sehen, Fernsehen, Video.

Kennen Sie folgende Situation: Eine mehr oder weniger lange Zeit war man keinen besonderen Anforderungen ausgesetzt. Auf einmal beginnt eine Zeit, wo es auf die volle Konzentration ankommt. Wie ergeht es einem da?

Beim Schießen trifft das weniger zu, das ist schon Gewohnheit. Spannend wird es erst, wenn man auf dem Schießstand steht. Man kann sich ja vorher drauf einstellen, Schießtermine sind Wochen, Monate vorher bekannt. Probleme gibt es eher beim Studium, z. B. das Examen. Muß in der Prüfungszeit viel Sport machen. Kann besonders gut mit Lerngruppe arbeiten.

Haben Sie schon einmal erlebt, daß sich Ihre Konzentrationskraft nach einer gewissen Zeit (z. B. Wochen, Monate) veränderte? Daß sie entweder schlechter oder besser wurde?

Eigentlich nicht. Nur wenn man lange Lernphasen hat. Da ich ständig lerne, arbeite (noch Auszubildender bin), kenne ich nur die heiße Phase vor der Prüfung. Da muß eben alles reingepreßt werden, das hat mit Konzentration nicht unbedingt was zu tun.

Sie sind in einer aktuellen Situation, in der Sie sich sehr konzentrieren müssen. Sie spüren, wie Ihre Konzentrationskraft nachläßt. Beschreiben Sie bitte, was jetzt eintritt, wie es Ihnen ergeht.

Zum Beispiel beim Schießen: Bin angetreten und ließ schlagartig nach erster Runde nach. Obwohl ich vorher noch versuchte, mich zu lockern, zu entspannen. Das tat ich, da ich große Unruhe spürte. Mir gelang es nur unvollständig, hatte Schwierigkeiten, die mich stark beschäftigten, und schlief vorher schlecht. Versuchte, mich dagegen zu wehren, dieses gelang nicht, da die Pausen zwischen den einzelnen Schießen zu kurz waren. Erst in der ersten großen Pause hatte ich Zeit. Doch resignierte ich, da ich Chancen vertan hatte. Wurde lustlos.

In einer solchen Lage kann man verschiedenes tun. Wie ist das bei Ihnen? Was hat sich alles bewährt? Was können Sie empfehlen?

Sich entspannen. Habe mal eine Zeit autogenes Training gemacht, das half. Autogenes Training ist sehr gut, da man es überall machen kann. Ganz besonders während längerer Pausen im Auto. Autogenes Training ist gut, wie gesagt, orts- und zeitunabhängig, daher jederzeit praktikabel.

Nun habe ich eine Frage zur Konzentrationstechnik. Beim Konzentrieren kommt es ja darauf an, die ganze Kraft auf eine Sache oder ein Ziel zu konzentrieren, und zwar für eine mehr oder weniger lange Zeit. Alles übrige muß man „ausblenden". Das ist nicht immer einfach. Wie machen Sie das?

Beim Schießen ist das folgendermaßen: Dort gibt es zwei Phasen. Die erste ist die Serie, die man schießt. 25 Tontauben schießt man mit fünf oder sechs Personen zusammen. Jeder schießt einmal, dann wechselt man die Plätze, und man fängt wieder von vorne an. Dazwischen liegen kurze Pausen. Schießt man die Serie durch, kommt eine längere Pause. Diese ist oft unterschiedlich lang je nach Veranstalter und Teilnehmerzahl.

Zu Phase 1: Hier kommt es ganz besonders auf die Zeit zwischen Abruf der Tontaube und dem Schuß, dem Abdrücken, an. Das dauert ca. eine Sekunde. In dieser Zeit darf an nichts gedacht werden. Diese Konzentrationsphase löst eine vorhergehende ab, in welcher ich den Ablauf vor dem Schuß geistig/mental noch einmal durchgehe. Hierbei steht man in einem ständigen Widerstreit zwischen körperlicher und mentaler Gespanntheit, ein Kampf, der zugunsten der mentalen Gespanntheit ausgetragen werden muß. Danach volle Konzentration auf die Tontaube, sie optisch und akustisch wahrzunehmen. Der Abruf wirkt wie ein Zündeffekt – das vor dem geistigen Auge Abgelaufene wird automatisch in die Realität umgesetzt. Wenn sich der Finger nach dem Abruf wie von alleine krümmt, Reflex, dann bin ich voll drauf.

Größte Unruhe tritt ein durch die Anzahl der getroffenen Tontauben. Je weniger Fehler, desto größer wird die Unruhe.

Zu Phase 2: Lange Pause, Möglichkeit, sich völlig zu entspannen, aber auch große Gefahr, zu ermüden oder sich ablenken zu lassen, Dinge wahrzunehmen oder aufgedrängt zu bekommen, die einen dann nicht mehr loslassen, also beschäftigen. Kann das Schießen stark negativ beeinflussen.

Sagen Sie etwas über das Anfangen, das Hineinkommen in eine Aufgabe. Erfahrungen, Probleme, was hat sich bewährt?

Beim Schießen ganz leicht. Gehe hin und fange an. Kurz vorher zum Teil sehr nervös. Flattern. Dann nach dem ersten Schuß tritt Ruhe ein.

Sie werden von innen abgelenkt, durch Gedanken, die kommen usw. Wie ist das? Was läßt sich tun?

Während der Serie mir Mut zusprechen. Abläufe bewußt wahrnehmen. Kann zur Quälerei werden. Wenn die Gefühle, die Gedanken zu stark werden, bin ich fast immer machtlos. Schieße dann auch schlechter. Kann mich dann manchmal durch mentales Training fangen: Ablauf der nächsten Aufgaben vor dem geistigen Auge.

Wo können Sie sich am besten konzentrieren? Welche Erfahrungen haben Sie gemacht?

Tontaubenschießen findet im Freien statt. Brauche eher freies Gelände. Dort kann ich die Tauben am besten sehen.

Thema Pausen. Wie sind da Ihre Erfahrungswerte?

Sind ganz wichtig (s. Frage zur Konzentrationstechnik). Am schwierigsten ist die Phase 2, also die große Pause. Man muß sich von allem fernhalten, setze mich dann oft in mein Auto und freue mich über die Technik. Spiele am Radio herum. Funktioniert es jedoch nicht oder will eine Kassette hören, die sie nicht da haben, kann der Ärger so groß werden, daß ich ihn mit in die nächste Serie nehme. Schieße dann oft schlechter bzw. muß mich dann mehr zusammenreißen bzw. konzentrieren. Das kostet enorm viel Kraft.

Erinnern Sie sich an Höchstleistungen, wo Ihre Konzentrationsfähigkeit extrem gefordert war.

Das war bei einem Wettkampfschießen am Anfang meiner Karriere. War in der letzten Runde mit einem anderen gleich. Ich fehlte vor ihm und lag im Rückstand. Ein Nervenkrieg brach aus. Wurde voll konzentriert, dachte an nichts anderes. Sah das Gesicht des Gegners und schöpfte daraus Stärke. Das Gesicht machte mich wütend. Versuchte, Einfluß auf den Gegner zu nehmen, ihn irgendwie unsicher zu machen. Das alles passierte aber völlig unbewußt, unkontrolliert. Bin mir heute noch nicht klar, wie das ablief. Auf jeden Fall traf ich die letzte Taube und gewann dadurch. So passiert das heute nicht mehr. Habe ich mich in mein Ablaufschema (s. o. Phase 1) hineingefunden, ziehe den Wettkampf heute „cool" durch.

(Bei diesem Fallbeispiel handelt es sich um ein Telefon-Interview, aus diesem Grund fehlen die Baum-Zeichnungen.)

10. *Rüdiger Nehberg, 51 Jahre, Konditormeister, Überlebens-Reisender (Überquerung des Atlantiks mit dem Tretboot u. a.)*

Wir interessieren uns für Ihre Reisen, weil sie ein hohes Maß an Konzentration erfordern. Worauf kommt es da besonders an? Worauf achten Sie? Welche Probleme gibt es? Wie verhalten Sie sich?

Wenn ein gefährlicher Moment droht, kommt es darauf an, die Abläufe sich vorher vorzustellen mit den möglichen Fehlläufen. Ich rutsche z. B. einen Berg hinunter, will da unten ankommen, aber ein kullernder Stein kommt. Ich sehe, es könnte sein, daß ich abgelenkt werde und seitlich an den Fels gerate, dann bin ich beim Rutschen voll da. Oder wenn ich zum Beispiel den Blauen Nil herunterfahre mit einem plumpen Floß. Es ist nicht dirigierbar, man kann aber nach links oder nach rechts kommen. Auf einmal hört man den Schall von Wasser am Felsen. Da hab' ich mich gefragt, muß ich mich in der Mitte halten, rechts oder links?

Und worauf kommt es an, was ist günstig, damit Sie sich gut auf etwas konzentrieren können?

Günstig ist, wenn ich Spaß an der Sache habe. Wenn es lebensgefährlich ist, wenn dann alle Sinne wach sind, Muskeln, Sehnen, Geist.

Wir waren in Äthiopien in der Wüste, drei Personen mit Kamelen. Wir wurden von vier Affar (Nomaden), die auf Kamelen kamen, überfallen. Sie waren bewaffnet, wir unbewaffnet. Wir mußten die Hände hochhalten. Ich war der einzige, der arabisch sprach, die Affar als zweite Sprache auch. Ich war deshalb der Buhmann, mußte mich vor dem Anführer hinknien. Die Waffe war aus 1½ Metern auf mich gerichtet. Da denkt man nach. Ich war hellwach. Der Anführer hatte fast Schaum im Mund. Ich hatte ihn beschimpft: „Was bist du für ein Moslem, daß du Gastfreundschaft nicht respektierst, wir beschweren uns beim Scheich." Dann tranken die unser Trinkwasser, sowas macht man nur mit Todfeinden. Dann wollte er Medikamente haben. Ich sagte: „Ich habe nur Gift." Wir mußten alles abgeben. Jeder hatte einen Bewacher. Wir mußten unseren Überlebensgürtel ablegen. Sie fanden 1400,– DM. Da waren sie überwältigt, das war für sie eine unvorstellbare Summe. Sofort gab es einen Stimmungsumschwung. Sie sahen unsere Tickets, die Pässe usw. und steckten sie in unsere Gürtel zurück. Da war uns klar, die wollen uns nicht töten, bloß keine falsche Bewegung. Vor lauter Glück schüttelten sie uns die Hände. Dann sagten sie noch, daß wir sie nicht verfolgen sollten. Für 1400,– DM hatten wir unser Leben gerettet, das war ein gutes Geschäft.

Was erschwert Ihre Konzentration, was ist ungünstig?

Wenn ich ein Buch schreibe, da lenkt mich Lärm ab. Klassische Musik als Hintergrund stört mich nicht, aber chaotische Rundfunksendungen, aufpeitschende Musik stört. Oder Text mit Musik, wo man hinhören muß. Das Telefon stört. Wenn ich auf der Reling (des Tretboots) bei der Atlantiküberquerung mein Buch schreibe und die Gischt herüberkommt, Seiten aufweichen und reißen, die Schrift verschmiert, obwohl es ein wasserfester, aber nicht seefester Kugelschreiber war, dann bin ich abgelenkt. Unter Deck konnte man nicht richtig sitzen.

Überhitzte Räume stören die Konzentration, starker Durst, großer Hunger stört, er drückt die Stimmung herab. Das wichtigste Anliegen eines Lebewesens ist, Leben zu erhalten. Wenn das nicht erfüllt ist, kann man sich nicht auf anderes, z. B. Schreiben, konzentrieren.

Kennen Sie folgende Situation: Eine mehr oder weniger lange Zeit war man keinen besonderen Anforderungen ausgesetzt. Dann beginnt eine Zeit, wo es auf die volle Konzentration ankommt. Wie ergeht es einem da?

Da habe ich keine Probleme. Ich bin immer voll da, auch wenn ich mal Hochs und Tiefs habe.

Wo können Sie sich am besten konzentrieren? Welche Erfahrungen haben Sie gemacht?

Die Gemütlichkeit ist wichtig: Teppich, Blumenstrauß, keine total moderne Einrichtung, ruhig altdeutsch. Ich brauche einen Raum, wo man sich ausbreiten kann, einen großen Raum. Man darf sich nicht eingeengt fühlen. Man muß z. B. für einen Dia-Vortrag die Dias ausbreiten können oder die Zettel. Ich brauche viel Platz.

Beim Konzentrieren kommt es ja darauf an, die ganze Kraft auf eine Sache oder ein Ziel zu konzentrieren. Und zwar für eine mehr oder weniger lange Zeit. Alles übrige muß man „ausblenden". Das ist nicht immer einfach. Wie machen Sie das?

In der Wohnung hatte ich zur Vorbereitung der Atlantik-Überquerung mit dem Tretboot überall Schilder angebracht: „Kurs Südwest". Ich hatte mir gesagt, aufgeben gibt es nicht. „Kurs Südwest" hatte ich von Hannes Lindemann („Mit dem Faltboot über den Atlantik") übernommen, der machte das so, auch das autogene Training, um den Kreislauf zu beeinflussen. Der saß immer im Boot, dem wäre sonst der Arsch weggefault.

Haben Sie schon einmal erlebt, daß sich Ihre Konzentrationskraft nach einer gewissen Zeit veränderte?

Ja, zum Beispiel durch autogenes Training. Man muß sich an die Einsamkeit gewöhnen. Die Vorbereitung ist wichtig.

Thema Pausen. Wie sind da Ihre Erfahrungswerte?

Beim Schreiben eines Buches muß ich nach vier Stunden aufhören. Wenn es aufregend ist oder der Termin drängt, kann ich zehn Stunden hintereinander arbeiten.

Ich stehe um 6 Uhr auf und gehe um 22 Uhr ins Bett. Ich versuche, so lange es geht zu arbeiten. Mittagsschlaf, oder ich gehe zum Essen, wenn meine Frau nicht da ist. Ich kann schlecht faulenzen. Ich erhole mich durch Wechsel, z. B. den Schlangenraum saubermachen (Terrarium im Keller), Joggen, Essen gehen. Druck ist für mich kein Streß, den betrachte ich als Sport. (Nehberg beschreibt, daß er den Jahresverlauf in einem mehrmonatigen Wechsel von Anspannung – die Herausforderungen draußen – und Entspannung – das Leben in Hamburg – unterteilt. Dieser Wechsel ist wichtig für Körper und Geist.)

Erinnern Sie sich bitte an Höchstleistungen, wo Ihre Konzentrationsfähigkeit extrem gefordert war.

Als ich über den Atlantik fuhr und wußte, daß ich morgen oder übermorgen in Brasilien lande. Da war es mir klar, daß mir nicht bewußt war, ob ich Korallenriffe oder starke Brandung antreffe, ob hohe Wassermassen sich überschlagen und wie viele Tonnen das sind. Die Landung gilt an sich als das Schwerste in der Schiffahrt. Mir war nicht ganz klar, was mich erwartet. Ich kam an die Küste und sah das tosende Wasser. Jetzt habe ich mir einen Ablaufplan für die Landung gemacht: 1. Turnschuhe anziehen, um auf dem Felsriff gehen zu können. 2. Ableinen, war immer angeleint, wollte mich vorher ableinen, damit ich mich nicht unter dem Boot verheddere, 3. Messer mitnehmen, um Taue abschneiden zu können, 4. Rettungsweste anlegen, die den Kopf aufrecht erhält, 5. Schwerter abmachen, damit die Schwerter nicht abbrechen, 6. Raketengerät umlegen, um Notsignale abgeben zu können. Insgesamt waren es neun Punkte. Die Liste hatte ich am Boot festgemacht und optisch vor Augen. Die Schwerter habe ich später doch nicht abgemacht, weil ich Angst hatte, das Boot nicht in der Gewalt zu haben. Ich wollte in Schiffsrichtung von der Brandung erfaßt werden. Die letzten drei Punkte waren: 7. Lampe, 8. Haiabwehrstock (ausziehbarer Stativ-Stock mit stumpfer Spitze), 9. Schnorchel und Brille.

In seinem Buch „Mit dem Tretboot über den Atlantik" schreibt Rüdiger Nehberg: „Gegen 17 Uhr sah ich unerwartet eine Stelle ohne jegliche Brandung. ‚Jetzt oder nie!' rief es in mir. ‚Wer weiß, wann sich sowas heute noch einmal bietet.' Ich ging die Checkliste durch und machte mich klar zur Landung. Als ich den gewellten Sandboden unter mir deutlich erkennen konnte, schnappte ich mir das Ankerseil und sprang seitlich ab. Welch ein überwältigendes Gefühl! Ich war in Brasilien gelandet!"

Zum Schluß darf ich Sie bitten, zwei Bäume zu zeichnen.

Baum 1: Sie verlieren die Konzentration. Das Ergebnis ist negativ. Zeichnen Sie diesen Zustand in Form eines Baumes.

Baum 2: Es gelingt Ihnen bis zum Schluß, sich hervorragend zu konzentrieren. Das Ergebnis ist positiv.

Was wollten Sie zum Ausdruck bringen?

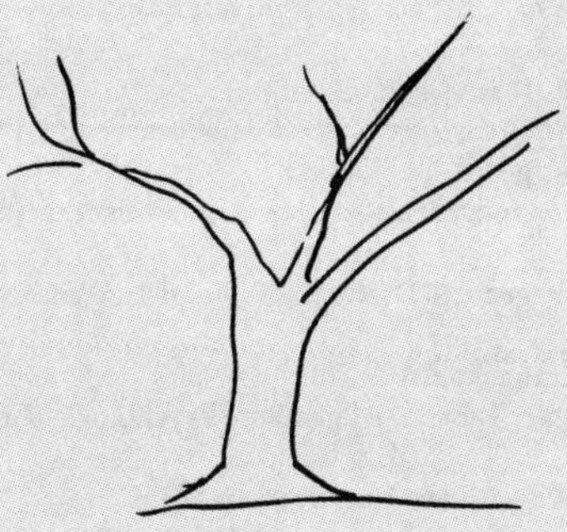

Unkonzentrierter Zustand

Einsam, schutzlos, auf dem Acker. Der Wind hat alle Äste schon abgebrochen. Mit den letzten wenigen Dingen kann der Baum mit geringen Angriffsflächen im Wind bestehen. Er hat sich eingependelt. Er ist kläglich, zerzaust, Grenzen sind gesetzt. Der Baum kann nicht so, wie er möchte.

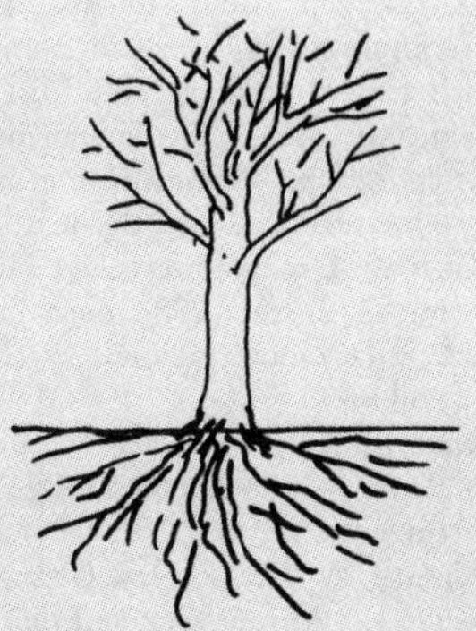

Konzentrierter Zustand

Unten in den Wurzeln ist unsichtbar dasselbe System wie oben. Das ist normal, um ein gutes Gegengewicht zu haben. Die ausgewogene Kraft, oben Sauerstoff, unten dieses Wahnsinnsgeflecht unter der Erde:

1.) Um im Wind zu bestehen
2.) Um die Nahrung hochzuholen
3.) Um die Erde zusammenzuhalten. Das ist wichtig, da schwimmt nichts weg.
4.) Oben Früchte

Literaturverzeichnis

Argyle, M., Soziale Interaktion. Studien-Bibliothek. Köln

Esquire, 11/87, Die Kunst des Nickerchens

Festinger, L., Theorie der kognitiven Dissonanz. Bern, Stuttgart, Wien

Heckhausen, H., Motivation und Handeln. Lehrbuch der Motivationspsychologie. Berlin, Heidelberg, New York

Hoffmann, H.-J., Kleidersprache. Frankfurt am Main

Immelmann, K., Einführung in die Verhaltensforschung. 2., neubearbeitete und erweiterte Auflage. Berlin und Hamburg

Koch, K., Der Baumtest. Der Baumzeichenversuch als psycho-diagnostisches Hilfsmittel. 8. Aufl. 1986, Bern, Stuttgart

Krech, D. und Crutchfield, R. S., Grundlagen der Psychologie. Band 1. Weinheim und Basel

Kuhl, J., Motivation, Konflikt und Handlungskontrolle. Berlin u. a.

Metzger, W., im Handbuch der Psychologie, 1. Band, Allgemeine Psychologie. Göttingen

Minaty, W., Die Loreley. Gedichte – Prosa – Bilder. Frankfurt am Main

Rapp, G., Aufmerksamkeit und Konzentration. Erklärungsmodelle – Störungen – Handlungsmöglichkeiten. Bad Heilbrunn/Obb.

Reykowski, J., Psychologie der Emotionen. Donauwörth

Riemann, R., Kinder- und Hausmärchen gesammelt durch die Brüder Grimm, Leipzig 1907

Rinderspacher, J. P., Gesellschaft ohne Zeit. Individuelle Zeitverwendung und soziale Organisation der Arbeit. Frankfurt/Main, New York

Rubinstein, S. L., Grundlagen der allgemeinen Psychologie. Berlin Ost

Sikora, J., Handbuch der Kreativ-Methoden. Heidelberg